U0671384

纪念陈佳贵先生

# 学问人生 大家风范

陈佳贵经济管理青年学术基金 / 编

经济管理出版社
ECONOMY & MANAGEMENT PUBLISHING HOUSE

**图书在版编目（CIP）数据**

学问人生　大家风范/陈佳贵经济管理青年学术基金编. —北京：经济管理出版社，2014.12
ISBN 978-7-5096-3495-0

Ⅰ. ①学…　Ⅱ. ①陈…　Ⅲ. ①陈佳贵（1944~2013）—纪念文集　Ⅳ. ①K825.3-53

中国版本图书馆 CIP 数据核字（2014）第 265258 号

组稿编辑：陈　力
责任编辑：陈　力　赵喜勤
责任印制：黄章平
责任校对：陈　颖

出版发行：经济管理出版社
　　　　　（北京市海淀区北蜂窝 8 号中雅大厦 A 座 11 层　100038）
网　　址：www. E-mp. com. cn
电　　话：（010）51915602
印　　刷：北京地大彩色印刷有限责任公司
经　　销：新华书店
开　　本：889mm×1194mm/16
印　　张：12.75
字　　数：177 千字
版　　次：2014 年 12 月第 1 版　2014 年 12 月第 1 次印刷
书　　号：ISBN 978-7-5096-3495-0
定　　价：98.00 元

目 录
CONTENTS

生活与成长

工作与学习

出访与考察

生平录

学问篇

## 追思篇

生活与成长

青年时代

在甘肃棉纺厂办农场

甘肃棉纺厂同事合影

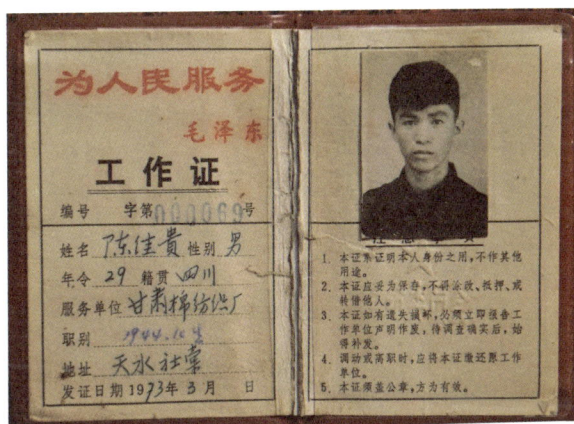

甘肃棉纺厂工作证照片

甘肃棉纺厂同事合影

天安门留念 北京1982

1982 年北京探亲合影

1983 年初到北京全家合影

在香港地区进修期间

研究生同学宿舍合影

2005 年与外甥女合影

2007 年祖孙合影

天伦之乐

2008 年回乡探亲

2008 年回乡探亲

2008 年回乡探亲

2005 年在厦门

2007 年草原休假

2009 年在湖北

2010 年成都度假

2010 年海南度假

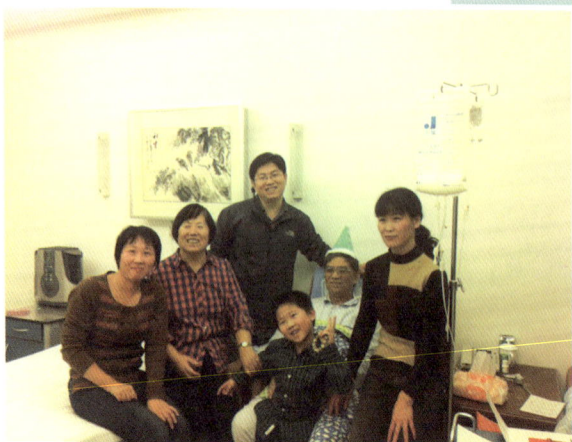

2012 年在 301 医院过生日

工作与学习

博士答辩

博士答辩

参加博士学位授予仪式

参加招商局集团博士后
工作站开站仪式

参加中国财富论坛
（2005 年）

出席学术研讨会（1999 年）

中国经济学年鉴发布会
（2009 年）

变革与振兴——中国经济 60
年 中国经济论坛（2009 年）

工业经济研究所工作照片

中国社会科学院工作照

中国社会科学院工作照

国庆观礼

奥运观礼

参加美国财政部长与我国经济学家座
谈活动（2009 年）

出访与考察

陪同蒋一苇先生出访南斯拉夫

访问南斯拉夫

出访俄罗斯（2005 年）

出访俄罗斯（2005 年）

访问俄罗斯（2002 年）

芬兰坦佩雷（2005 年）

访问芬兰（2005 年）

访问芬兰（2005 年）

访问日本

访问印度（2008 年）

访问印度（2008 年）

访问英国（2009 年）

在韩国

2005.06.06 18:58

出访东南亚

赴德国考察

访问法国

出访欧洲

'02 10 29

在上海考察

在台湾地区考察

赴河南考察

中国社会科学院学部委
员赴内蒙古考察

中国社会科学院学部委
员赴内蒙古考察

生平录

# 陈佳贵：农家子弟考入人大　一生致力经济研究

1944 年 10 月，陈佳贵出生于四川省岳池县一个普通农民家庭。于 1964 年 9 月考入中国人民大学计划统计系。在校期间，克服各种困难，刻苦钻研马克思主义政治经济学和当代经济学著作，为后来从事经济学研究工作奠定了良好基础。1969 年 9 月参加工作，1970 年 9 月至 1978 年 10 月，被分配到甘肃省农宣队平凉分队、甘肃棉纺织厂工作。由于工作表现出色，他于 1972 年 12 月加入中国共产党，并先后任小组长、生产科长、党支部书记，积累了丰富的企业一线管理经验。1978 年国家恢复研究生招生制度后，于同年 9 月考入中国社会科学院研究生院现实经济系，攻读硕士学位。1984 年 10 月至 1988 年 7 月，又在中国社会科学院研究生院工业经济系师从著名经济学家蒋一苇先生在职攻读博士学位。

1981 年 8 月研究生毕业后，陈佳贵一直在中国社会科学院工作。1982 年 8 月至 1988 年 8 月，任工业经济研究所工业管理研究室副主任，其间于 1988 年 4 月被评为副研究员。1988 年 8 月至 1990 年 11 月，任工业经济研究所工业体制管理研究室主任。1990 年 12 月至 1991 年 10 月，任工业经济研究所副所长兼机关党委书记。1991 年 10 月至 1993 年 10 月，任工业经济研究所机关党委书记，其间于 1993 年 8 月被评为研究员。1993 年 10 月至 1995 年 8 月，任工业经济研究所党委书记兼副所长。1995 年 8 月至 1996 年 10 月，任工业经济研究所党委书记兼所长。1996 年 10

月至 1998 年 12 月，任工业经济研究所所长。1998 年 9 月至 2009 年 7 月，任中国社会科学院党组成员、副院长。其间，2006 年，当选为中国社会科学院首批学部委员，并任经济学部主任，学部主席团成员。2008 年 1 月至 2011 年 7 月，任中国社会科学院学部主席团代主席。

陈佳贵在经济学界和管理学界影响巨大，先后兼任国家社科基金理论经济学科评审组、管理学科评审组召集人，国务院学位委员会学科评议组成员，中国企业管理研究会会长，中国工业经济联合总会副会长，多所重点大学兼职教授。陈佳贵同志先后获得多项学术荣誉，1991 年获国务院学位委员会、国家教委授予的"有突出贡献的中国博士"称号，1992 年获"有突出贡献的中青年专家"称号，1993 年享受国务院颁发的政府特殊津贴。

陈佳贵同志也是国内著名的经济学家和管理学家。他治学严谨，一生致力于工业经济、企业改革、企业管理和宏观经济等方面的研究。他学术造诣精深，著述丰硕，独立和合作出版著作 20 余部，发表论文 300 多篇，总字数 400 余万字，其中产生重要影响的有：《企业学》（专著）、《现代大中型企业的经营与发展》（专著）、

《陈佳贵经济文选》（专著）、《论企业对市场的适应性》、《关于企业生命周期与企业蜕变的探讨》、《发展社会主义市场经济与企业组织结构的调整与改革》、《试论中国社会主义市场经济的目标模式》等。这些研究成果多次获得"五个一工程奖"、中国社会科学院优秀科研成果奖、"孙冶方经济科学奖"等学术奖项，不少成果的观点被广泛引用。作为博士生导师，他注重因材施教，针对每个学生的知识结构、专业背景和生活经历，及时耐心地给予指导和帮助，由他直接培养的博士生多达 30 余人，其中许多人已经成为我国科研、政府和企业等部门的中坚力量。

在学术生涯中，陈佳贵坚持理论联系实际的优良学风，积极为我国经济方面的宏观决策建言献策，作出理论贡献。他多次参加中央经济文件的起草和重要经济改革问题的研讨，从事了大量经济改革实践研究，曾参与中国经济体制改革总体设想、首都钢铁公司利润递增包干方案、重庆市综合改革试点方案、杭州万向节企业集团股份制改造等重大改革项目研究，主持"中国国有企业改革与发展"、"科学发展观研究"、"我国改革开放以来历史经验总结"、"国际金融危机与马克思主义"、

"深化经济体制改革研究"等重大课题调研，并将部分调研成果向中央领导进行专题汇报，为我国经济改革和社会发展作出了突出贡献。

作为学者型的领导干部，陈佳贵同志不仅自己取得了丰硕的科研成果，还表现出很强的领导管理和组织协调能力，积极推动分管工作领域的事业取得新的发展。在担任中国社会科学院院领导期间，他按照院党组的决策部署，认真贯彻落实中央政治局常委"5·19"会议精神。他分管的专家与职称、国际合作、出版社、网络信息、研究生院、博士后等多个方面的工作，都取得了重大进展。尤其在组建学部、拓展对外学术交流渠道、推进全院范围内的网络建设、提高研究生和博士后培养质量等方面做了大量卓有成效的工作。同时，推动英文刊物《中国经济学人》的创办和发展，主编了《经济蓝皮书》、《工业化蓝皮书》、《中国经济学年鉴》和《中国经济研究报告》等在国内经济学界有重要影响的连续出版物。在担任工业经济研究所领导期间，积极推进学科建设和开拓学术出版事业，提出并实施科研、咨询、出版、培训"四位一体"的研究所发展战略，组织编写国内第一本反映中国工业发展的年度报告，为促进该研究所的持续健康发展做出了重要贡献。

（本文原载《中国经营报》2013年2月23日）

学问篇

# 学问人生　大家风范

## ——陈佳贵研究员主要学术成就综述

　　陈佳贵研究员是我国著名经济学家、管理学家，他学识渊博，思想深刻，一生兢兢业业，笔耕不辍，独立和合作出版著作20余部，发表论文300多篇，总字数达400余万字，在企业管理、产业经济、宏观经济等多个研究领域都颇有建树。陈佳贵研究员不仅是在书斋披阅前贤的理论家，还是学以致用、理论联系实际的实践家。陈佳贵研究员从事经济研究的30多年，正值我国经济大变革、大发展之际，也是我国经济从计划经济体制向市场经济体制转轨和高速工业化进程时期。陈佳贵研究员以一个学者的高度责任心，对我国经济改革与发展中的重大问题进行深入研究，学以致用，为推动我国经济改革与发展贡献了自己的力量。

　　陈佳贵研究员的研究生涯大体上可以划分为以微观经济问题为主和以宏观经济问题为主的两大阶段。他本科期间在中国人民大学学习国民经济计划专业，应该属于宏观经济方面，但参加工作以后，主要从事企业管理实践工作。在1978~1981年于中国社会科学院研究生院攻读硕士研究生和1984~1988年攻读博士研究生阶段，学习的都是企业管理专业。1981年进入中国社会科学院工业经济研究所工作之后，主要从事的是企业管理和产业经济方面的研究。在1998年陈佳贵研究员担任中国社会科学院副院长，尤其是2003年被选为全国人大常委、财经委员会委员以后，他的研究方向逐步转为宏观经济。在2006年中国社会科学院成立学部，陈佳贵研究员任经济学部主任和《经济蓝皮书》主编后，基本上将主要的精力都放在了宏观经济问题的研究上。

陈佳贵研究员的研究成果根据内容可归结为理论研究、问题研究和对策研究三大方面，"不断探索企业成长、产业演进和经济发展的规律"是他在理论研究方面的主要特点，他是从企业成长生命周期理论研究开始的。他在 1988 年就提出了自己的企业生命周期理论，2000 年以后，他进一步研究了工业现代化理论和工业化理论，提出了评价工业现代化水平和工业化水平的指标体系与方法。"系统分析我国经济改革、管理与发展的关系问题"是他在问题研究方面的重点，针对我国企业和整个经济改革、管理与发展中面临的新问题，他发表了大量研究成果，尤其是对于如何正确处理我国经济改革、管理与发展

的关系问题，提出了不少自己的见解。这方面他的研究历程也是前期关注企业层次的改革、管理和发展的关系问题，后期拓展到产业和整个宏观经济层次的改革、管理和发展问题。"积极研究适合我国国情的社会主义市场经济体制和经济现代化战略"是他有关对策研究方面的核心成果，他的有关政策建议都是围绕探索适合我国国情的社会主义市场经济体制和经济现代化战略而展开的，早在 1993 年他就概括地勾勒出我国建立市场经济体制的基本模式，2005 年提出了中国的基本经济国情已经从农业经济大国转向工业经济大国的基本观点，并进一步提出基于这种国情判断的经济现代化战略，在 2012 年提出了建立成熟的市场经济体制的改革建议。

这里从以下八个方面综述陈佳贵研究员的主要学术研究成就。

# 一、国有企业改革

伴随着中国国有企业改革的进程，陈佳贵研究员在这方面发表了大量的研究成果，其研究主题几乎涉及有关国有企业改革的所有方面，既包括承包制、股份制、

现代企业制度、公有制的实现形式、公司治理结构等企业改革理论方面，也包括职工下岗、企业家市场、企业家激励约束、减轻企业负担、贯彻《公司法》等具体实际

方面，提出了很多有价值的观点和政策建议：①1982年，陈佳贵研究员在《中国工业经济管理丛刊》发表了《论企业对市场的适应性》一文，最早提出要取消国家对企业下达指令性计划，强调企业的日常活动要通过充分运用市场机制来调节，而企业一定要树立经营思想，按照市场进行生产经营，企业既要有总的战略观念，还要有具体的用户观念、质量观念、服务观念、价值观念、竞争观念、创新观念和时间观念。②1988年，陈佳贵研究员提出发展社会主义共有制经济，促进企业经营机制的转变。他指出，社会主义共有制是由两种以上的不同性质的企业或者其他经济组织实行联合经营而产生的一种新型所有制形式，合伙企业、合资经营企业和股份制企业都是社会主义共有制的企业组织形式。③1995年，陈佳贵研究员在《人民日报》上发表文章，提出要正确处理企业改革、管理与发展的关系。该文从概念和理论上澄清了三者之间的关系，认为处理好这三者之间的关系不仅是企业领导者面临的严峻问题，也是政府经济管理部门面临的严峻问题。④1996年，陈佳贵研究员在对中国台湾公营企业民营化进行考察后，提出了我国国有大中型企业的公司化改革将是一个相当长的过程，不能急于求成，关键是要在分类的基础上（可以分为重政策型A和重利润型B两类）有计划、按步骤推进，在实行所有者（投资者）主体多元化方面要求新思路和新办法，这对我国现在的国有企业改革仍有重要的指导意义。⑤1996年，陈佳贵研究员还提出了转变经济增长方式的重点是转变国有企业发展方式的观点，这个观点在18年后的今天，仍对我国国有企业改革和经济发展方式转变具有重要指导意义。⑥1999年，陈佳贵研究员在《光明日报》撰文指出，国有企业改革要走出以分级管理代替分级所有、以上市筹资代替机制转换、以国有独资公司代替股权多元化公司、以经营者职能代替所有者职能、以资本经营代替产品经营、以改革代替管理的误区。⑦在2000年，陈佳贵研究员提出了国有企业资产要实行政府分级所有的管理体制，认为将公有财产落实到一级政府所有，实行市场经济国家和地区普遍采用的一种公共财产管理体制。中国国有企业实行政府分级所有，并经过产权关系的重组和股份制改造后，中国的国有企业将演变成为单一政府主体投资的企业、多个政府主体投资的企业、政府投资控股的企业和政府参股的企业四种基本形态，有利于国有企业股权多元化，有利于建立现代企业制度。⑧关于国有企业改革方面的研究，陈佳贵研究员主持撰写了多部著作，其中2000年由经济管理出版社出版的《中国国有企业改革与发展研究》（李铁映作序，陈佳贵、金碚、黄速建主编）是一部系统研究国有企业改革与发展问题的专著，在国内具有重要影响，该书一个突出贡献是提出了现代国有企业制度的概念，对现代企业制度的外延进行了拓展。该书认为，现代企业制度是一个完整的运行系统，现代国有企业制度是现代企业制度的一个子系统。所以，就国有企业改革而言，建立现代企业制度有两种涵义：如果按一般的现代企业制度对企业进行改制，则这些企业在性质上就将不再是国有企业，或不再是纯粹的国有企业（可以是其他形式的公有制企业或混合所有制企业）；如果要保持国有企业的性质，则实质上就不是要建立一般的现代企业制度，而是要建立现代国有企业制度。对于我国现有的几十万家国有企业来说，改革的方向只能是：绝大多数中、小型企业和相当一部分大型企业将按上述第一种涵义建立现代企业制度；而少数大型、特大型国有骨干企业及某些承担非常特殊的生产经营活动的企业，则按上述第二种涵义建

立现代企业制度。这样，才能真正建立起现代企业制度有效运行系统，适应社会主义市场经济资源有效配置的客观要求。⑨2001年，陈佳贵研究员和黄群慧研究员开展了一项公司治理模式的比较研究，他们基于对公司治理结构的基本认识和对中国不同所有制企业状况的基本判断，提出中国企业存在三类治理模式，即政府主导型治理模式、家族主导型治理模式和法人主导型治理模式，并进一步从股权结构、内部治理机制、外部治理机制三个角度对每类治理模式进行比较分析。基于比较结果，他们提出中国企业治理模式进一步改善的方向：在公司治理结构中引入更加积极的股东，增加公司内部直接控制的强度，提高公司内部治理的有效性；建立和完善各类外部市场机制，在提高内部治理有效性的同时建立有效的外部治理机制；重视对董事和经营管理人员的激励，设计多元化、激励性的报酬制度来调动经营管理者的积极性；借鉴国际经验，结合中国国情，既要制定对治理结构有强制性的法律规定，又要建立与市场环境变化相适应的、具有非约束性和灵活性的公司治理原则。该项成果在新加坡参加了国际学术交流，发表在《中国工业经济》上，在理论界也具有较高的引证率。

## 二、企业管理与发展

在企业管理和发展的研究方面，陈佳贵研究员提出了企业生命周期理论，并对大型企业的经营与发展、我国外向型企业集团的发展、中小企业发展、跨国公司经营、企业管理理论的新进展进行了深入系统的研究。①陈佳贵研究员在企业管理领域的突出贡献是最早提出了企业生命周期理论。在《中国工业经济丛刊》1988 年第 2 期，陈佳贵研究员发表了《关于企业生命周期的探讨》一文。他认为，企业与许多有机体一样，存在一个从诞生到死亡的时间过程，这就是企业生命周期。而所谓的企业生命周期理论就是揭示企业生命周期规律的理论，严格地说，就是有关企业组织的生命周期中各个阶段本质特征的理论分析和归纳概括。他进一步将企业生命周期划分为孕育期、求生存期、高速发展期、成熟期、衰退期和蜕变期六个阶段。从发表的时间看，陈佳贵研究员提出的企业生命周期理论比美国管理学家伊查克·艾迪思博士提出的企业寿命周期理论还要早一年，艾迪思著名的《企业生命周期理

论》的英文第一版是在 1989 年出版的。1988 年，重庆出版社出版了陈佳贵研究员的专著《企业学》，在书中他进一步拓展了关于企业成长的研究。1995 年，陈佳贵研究员又针对企业生命周期中的蜕变期进行了深入研究，从企业的经济形态、实物形态和产品三个方面分析了企业的蜕变问题，这实质上为企业战略转型奠定了理论基础。②陈佳贵研究员一直关注国外企业管理领域的最新学术前沿进展，并与国内企业管理实践相结合。针对 20 世纪 80 年代和 90 年代国外企业管理领域的最新进展，陈佳贵研究员进行了系统的研究，1997 年在《中国工业经济》发表了《现代企业管理理论与实践的新进展》一文，从企业经营管理思想变化、管理方法创新、管理手段更新、管理组织结构变化趋势四个方面对国外企业管理理论与实践的新进展进行了归纳研究，并指出了我国企业在学习借鉴国外新的管理思想与方法时应该注意的问题。以此为基础，1998 年，陈佳贵等人编著出版了《现代企业管理理论与

实践的新进展》，当时，国内还很少有对人本管理、学习型组织、企业流程再造等国外新管理理论进行系统研究的专著。③陈佳贵研究员有在企业中从事10年管理实践的经历，他能够从管理实践中发现问题，还能够指导企业应用新的管理理论解决问题。他在研究中，十分重视企业管理问题，尤其是在我国企业改革的大潮中，陈佳贵研究员不断提醒要正确处理企业改革、管理与发展的关系，不要以改革替代管理，不要忽视管理的重要性，提出企业管理本身也是生产力。除了上述发表在《人民日报》的正确处理企业改革、管理与发展的关系的文章外，还发表了《深化企业改革与加强企业管理》、《建立现代企业制度必须改善与加强企业管理》等系列文章。④陈佳贵研究员重视从经济学角度研究企业管理问题，1998年，他主编出版了《企业经济学》一书，这是我国国内第一本企业经济学教材，迄今为止，仍十分权威。⑤陈佳贵研究员关于大型企业经营与发展的研究具有较大社会影响，1996年经济管理出版社出版的他的专著《现代大中型企业经营与发展》获得"五个一工程"奖。围绕着大型企业，从行业性企业集团改革、企业集团的组建到企业跨国经营，

陈佳贵研究员都发表了一系列研究成果。⑥近些年，陈佳贵研究员在企业管理研究领域，十分关注企业社会责任的研究，由陈佳贵、黄群慧、彭华岗、钟宏武等主编的《企业社会责任蓝皮书》已经连续出版了4年。该报告基于责任管理、市场责任、社会责任、环境责任"四位一体"的理论模型，构造了企业社会责任发展指数，该指数是对企业社会责任管理体系建设现状和责任信息披露水平进行评价的综合指数。在此基础上，每年从企业社会责任报告、企业年报、企业官方网站收集国有企业100强、民营企业100强和外资企业100强的年度社会责任信息，进一步对企业的社会责任信息进行内容分析和定量评价，得出企业社会责任发展指数初始得分，并通过责任奖项、责任缺失和创新责任管理等项目对初始得分进行调整，进而得到企业社会责任发展指数最终得分与排名。这是目前国内反映我国企业社会责任发展现状最权威的研究，在学术界和企业界具有重要的影响，对推动我国企业社会责任的研究和实践具有重要的作用。⑦陈佳贵研究员多年来一直担任中国企业管理研究会会长，该研究会是国家级企业管理研究领域的学术团体，在他的领导下，该研

究会每年选择一个企业管理领域的主题召开一次全国性的年会，会后围绕该主题出版一本企业管理研究会的年度报告。作为该报告的主编，他一直努力使该报告主题能够成为引领国内企业管理研究的重要方向之一，为促进我国企业管理研究发展发挥作用。

## 三、经济体制改革

陈佳贵研究员对经济体制改革问题的研究主要分为三个大的方面，一是关于行业管理体制改革的研究，二是关于地区尤其是中心城市体制改革的研究，三是关于经济体制改革的整体研究。陈佳贵研究员最早对经济体制改革的研究所关注的是工业行业管理体制改革问题，在1983年前后，他与他人合作，先后发表了《论工业"行业公司"的性质和作用》、《充分发挥行业协会作用，加强行业管理》、《试论当前工业行业管理的三种组织形式》、《关于加强行业管理的探讨》等论文，提出了明确区分行业和行业管理的概念，把行业主管部门和企业主管部门的管理区别开来，建议建立两种不同性质的行业管理系统，中央各工业部、省级各工业厅局原则上不再主管企业，把大多数企业下放到地方中心城市，对行业性公司进行整顿改革，或者转化为真正的企业公司，或者变成行业协会。这些建议在当时对工业改革具有重要的指导意义。关于中心城市体制改革，他参与了重庆经济体制综合改革课题，系统总结了中心城市经济体制改革的成就和经验。于1987年在《经济管理》发表了《中心城市经济体制综合改革的成就与经验》一文，尤其强调中心城市的综合改革，一定要注意中心城市的对内外开放，打破部门分割、地区分割、条块分割的旧体制。

关于经济体制改革的整体研究，在1993年前后，陈佳贵研究员发表了一系列关于社会主义市场经济体制的论文。在1993年发表的《论中国社会主义市场经济的目标模式》一文中，他清楚地描述了社会主义市场经济体制的基本模式和框架。他认为，中国的市场经济模式，就决策方式来说，只能是向有国家计划的市场经济模式靠近。我国的市场经济模式之所以应该向有国家计划的市场经济模式靠近，还在于我国的市场经济将建立在以公有制为主体、多种经济成分并存的所有制结构基础之上。如同私有制企业对市场经济有更大的兼容性一样，公有制企业特别是国有制企业对国家计划有更大的兼容性。他提出我国社会主义市场经济模式的基本轮廓：一是企业成为独立的商品者，并形成合理的企业组织结构。二是有一个完整的高效的市场体系，市场机制能充分发挥作用。市场经济的基本特征是市场机制成为资源配置的基本手段。为此，总的要求是：企业所需要的生产要素从市场上获得，而不是由政府的行政机构分配；一切商品必须通过市场进行交换，而不是通过政府的行政调拨；商品的价格通过市场竞争形成，并能反映供求关系；垄断经营只限于极少数的自然垄断行业，其他行业的企业之间应当公平竞争；企业的经济按照市场规律作出决策，而不是服从政府的行政机构。三是政府对经济保持强有力的调控手段，能对经济进行有效的调节。适应市场经济的要求，政府对经济的宏观调控必须坚持政企分开的原则，宏观管好、微观放开的原则，中长期计划为主、年度计

划为辅的原则，间接管理为主、直接管理为辅的原则，价值管理为主、实物管理为辅的原则。为了保证宏观管理更有力、有效，必须有与市场经济相适应的计划、财政税收和金融体制。

在 2008 年改革开放 30 年之际，他组织课题组对我国经济改革开放的经验进行了系统研究，主编了"中国经济改革开放 30 年研究丛书"，包括《中国经济体制改革 30 年研究》、《中国投资体制改革 30 年研究》、《中国国有企业改革 30 年研究》、《中国农村改革 30 年研究》、《中国金融改革与开放 30 年研究》、《中国对外开放与流通体制改革 30 年研究》、《中国财税体制改革 30 年研究》、《中国劳动和社会保障体制改革 30 年研究》、《中国非国有经济改革与发展 30 年研究》九卷。陈佳贵研究员将我国改革开放 30 年的特征归纳为以下七个方面：在改革的性质上，坚持社会主义制度的自我完善和发展；在改革的方向上，坚持市场取向；在改革的目标模式上，选择建立社会主义市场经济体制；在改革的方法上，坚持先易后难、逐步深化、渐进式推进；在改革的总体部署上，坚持统筹兼顾，处理好若干重要关系；在改革的动力上，既依靠党和政府的领导，又尊重人

民首创精神，充分发挥理论界作用；在对改革措施、手段和成果的评价上，坚持"三个有利于"标准。

2012年，陈佳贵研究员带领一个课题组，系统地分析研究了十八大后我国经济体制改革的方向和途径，于2012年12月出版了《建立成熟的社会主义市场经济体制研究》一书。在该书前言中，陈佳贵研究员提出，经过30多年的改革开放，我国基本实现了由传统计划经济向社会主义市场经济的重大转变，社会主义市场经济体制的基础得到确立。但一些深层的体制性障碍依然存在，未来十年中国完善社会主义市场经济体制的任务将进入建设"成熟社会主义市场经济体制"的新阶段，在成熟的社会主义市场经济体制建成以后，社会主义市场经济体制仍然还有一个不断完善的过程。成熟的社会主义市场经济体制，是能够自我调整、自我完善和自我演进的经济制度。其标志主要体现在以下七个方面：社会主义基本经济制度定型，微观基础充满活力；现代市场体系形成，市场在资源配置中的基础性作用充分发挥；具有完备的与社会主义市场经济相适应的法律体系，以法治为基础的市场经济制度形成；政府与市场的边界清晰，服务型政府形成；利益分配格局和社会福利制度充分体现社会公平和正义；建成和谐的公民社会；改革和开放相互协调、相互促进的新格局形成。他认为，建设成熟的社会主义市场经济体制，要从全面制度创新的高度，谋划改革的方略、路径和动力问题。为了强化顶层推动，推进改革的协调配套，需要设置高层次、跨部门、利益相对超脱的统揽改革全局的机构。该机构的主要职能是为中央提供改革决策的建议和意见，指导地方和部门的改革，协调各部门、各地区改革机构，督促地方和部门按中央部署进行改革，及时反馈改革动向和意见。他明确指出，加快政府行政管理体制改革是建设成熟的社会主义市场经济体制的关键，应着力推进大部门制改革，以此为基础，针对某些方面权力过于集中、缺乏有效监督以及执行不力的问题，应创新完善行政运行机制，建立行政决策权、执行权、监督权既相互制约又相互协调的权力结构，形成权责一致、分工合理、决策科学、执行顺畅、监督有力的行政管理体制。他还对进一步减少事业单位数量、缩小规模、加快事业单位改革提出了具体的建议。他认为，围绕建设成熟的社会主义市场经济体制，需推进重点领域、关键

环节的改革，包括继续对国有经济布局进行战略性调整，深化国有企业改革，继续

大力发展个体私营经济，建立健全公共财政制度，全面推动金融改革、开放与发展等。

# 四、工业现代化

进入 21 世纪后，陈佳贵研究员开始关注中国的经济现代化问题。他率领他的研究团队开始对工业化与工业现代化问题进行深入系统研究，产生了大量有影响的研究成果。其中第一项成果是 2004 年在中国社会科学出版社出版的《中国工业现代化问题研究》，该书是国内首部系统全面地分析中国工业现代化的理论、模式、战略、评价标准、水平测量、政策及相关问题的专著。作为我国第一本研究中国工业现代化问题的专著，该书严格界定了工业现代化的基本内涵，区分了工业化、现代化、工业现代化和新型工业化等概念。他们认为，工业现代化作为整个现代化进程的一个组成部分，是一个工业的现代性不断增强和工业的传统性不断降低的过程。工业的现代性主要表现为，现代工业部门和经过现代科学技术改造的传统工业部门在整个工业中占有绝对优势并发挥主导作用，保证整体工业生产力水平达到世界先

进水平。他们从理论上归结和描述了工业现代化的动力机制，概括和总结出世界主要工业先进国的工业现代化模式和三方面经验性标志：工业总体上是否实现了由三次产业结构调整而引起的高速增长到长期稳定增长的转变，并具有世界先进水平的生产效率，是一个国家或地区是否实现工业现代化的基础性标志；一个国家或地区的工业结构的高级化，是工业现代化实现的核心标志；能否形成绿色工业生产体系、保证工业经济与环境协调发展，是一个国家或地区是否实现工业现代化的环境标志。更具有现实意义的是，该书提出了许多政策建议，包括：要协同推进新型工业化和工业现代化进程、探索适合中国国情的工业现代化模式；正确处理工业现代化与扩大劳动就业的关系，使技术密集、资金密集和劳动密集型工业协调发展；正确处理信息化与工业现代化的关系，我国应该以强有力的国家意志来实施"以信息

化带动工业化、推进工业现代化"战略；等等。这些观点都对我国经济发展具有重要的现实意义。在 2012 年国际上十分关注"第三次工业革命"的背景下，反过来思考这些建议，就更体现出其重要的价值。

在工业现代化研究领域中，陈佳贵研究员的另一个重要的贡献是有关我国工业现代化水平的评价。基于上述对工业现代化的理解和工业现代化实现三方面标志的认识，他和他的研究团队构造一套工业现代化水平的评价指标体系（包括基本指标和辅助指标两大类）和工业现代化水平综合指数，为工业现代化水平的衡量提供了一个基本方法，进一步全面分析衡量了我国工业的现代化水平，这项研究在国内具有开拓性，首次科学回答了我国是否已经实现了工业现代化这个问题。他们的计算表明，2004 年中国工业现代化水平综合指数为 36.7，这意味着我国工业现代化的整体水平已经超过了国际上最先进水平的 1/3，或者可以认为，中国的工业现代化的进程已经超过了 1/3 的历程。更进一步，

陈佳贵研究员率领他的研究团队，具体对 15 个重点工业行业的现代化水平进行了评价，结果表明，船舶制造、钢铁、石油工业这 3 个行业现代化水平最高，已经达到了世界先进水平的 50% 以上，完成了现代化进程一半的路程；电力工业、计算机制造业和纺织工业这 3 个行业的现代化水平较高，超过了我国整体工业现代化水平，基本接近世界先进水平的 50%，化学工业现代化水平也高于我国整体工业现代化水平；排在最后 3 位的是水泥工业、煤炭开采业和机床工具业这 3 个行业，其现代化水平最低，不仅低于我国整体工业现代化水平，甚至未达到世界先进水平的 30%，未完成现代化进程 1/3 的路程；医药、通信设备、汽车、食品、造纸这 5 个行业与我国工业整体现代化水平大体相当，基本完成了 1/3 强的现代化历程。这项成果反映在 2009 年由社会科学文献出版社出版的《中国工业化报告——我国 15 个重点工业行业现代化水平的分析与评价》一书中。

# 五、工业化进程

改革开放以来，中国工业化快速地推进了工业化进程，这是一个13亿人口的快速工业化，是人类历史前所未有的伟大的现代化进程。如何认识中国的工业化进程呢？陈佳贵研究员率领他的团队对中国工业化进程进行了持续的研究。

2006年，陈佳贵研究员等在《经济研究》上发表了《中国地区工业化进程的综合评价和特征分析》一文，该文根据经典工业化理论，具体选择人均GDP，第一、第二、第三产业产值比，制造业增加值占总商品生产部门增加值的比重，人口城市化率和第一产业就业占比为基本指标，进一步根据实现工业化国家的国际经验，确定了上述各项指标在各个工业化阶段的标准值，选择阶段阈值法进行指标的无量纲化，在此基础上，用加权合成法来构造计算反映一国或者地区工业化水平和进程的综合指数（权重用层次分析法确定），根据工业化水平综合指数可以划分相应的工业化阶段。工业化阶段可以被划分为前工业化时期、工业化前期、工业化中期和工业化后期及后工业化时期，其中工业化前期、中期、后期又具体划分为前半阶段和后半阶段，工业化水平综合指数具体对应为：0为前工业化时期，1~16为工业化前期的前半阶段，17~33为工业化前期的后半阶段，34~50为工业化中期的前半阶段，51~66为工业化中期的后半阶段，67~83为工业化后期的前半阶段，84~99为工业化后期的后半阶段，100为后工业化时期。基于这种方法，陈佳贵和他的研究团体计算了1995~2005年中国全国、东部、西部、中部和东北地区四大板块，珠三角、长三角、环渤海、大西北、大西南、中部六省、东北地区七大区域和31个省级区域的工业化水平综合指数，动态地分析了"九五"至"十五"这10年间中国工业化进程的特征。这些成果反映在2007年出版的《中国工业化进程报告——1995~2005年31个省级区域工业化水平分析与评价》一书中。2012年，他们又进一步对2010年的我国工业化进程进行评价，出版了《中国工业化报告（1995~2010）》，对1995~

2010 年这 15 年间工业化进程进行评价。

他们计算结果表明，按照汇率—购买力平价法计算，1995 年，中国工业化水平综合指数仅为 12，表明中国处于工业化初期的前半阶段；经过"九五"时期，到 2000 年中国工业化水平综合指数提高到 18，表明中国进入工业化初期的后半阶段。经过"十五"时期，到 2005 年，工业化水平综合指数提高到 41，中国工业化水平处于工业化中期的前半阶段。经过"十一五"时期，到 2010 年，中国的工业化水平综合指数为 66，表明中国工业化水平处于但即将走完工业化中期的后半阶段。整个"十五"、"十一五"，中国快速地走完了工业化中期阶段。这意味着进入"十二五"，中国工业化进程将步入工业化后期，这对于中国的工业化进程将是一个重要的里程碑。从省级区域看，到 2010 年，北京、上海两个直辖市处于后工业化阶段，天津、江苏、浙江、广东处于工业化后期的后半阶段，这几个省市是我国经济最发达的地区，工业化水平也处于全国前列。辽宁、福建、山东、重庆、内蒙古处于工业化后期的前半阶段，与全国的工业化平均水平相当。处于工业化中期的地区数量最多，其中湖北、河北、青海、宁夏、江西、湖南、河南、安徽、陕西、四川、黑龙江处于工业化中期的后半阶段，而广西、山西、甘肃、云南、贵州处于工业化中期的前半阶段。海南、西藏、新疆三个边疆省区的工业化水平最低，仍然处于工业化初期的后半阶段。

通过对中国工业化进程的研究，他们将我国工业化成功的经验归结为四个方面：一是建设和谐稳定的发展环境，保持工业化进程的连续性；二是遵循产业结构的演进规律，促进工业化进程的高级化；三是坚持"内外双源"发展，构建全面的工业化动力机制；四是尊重地方发展经济的创造性，探索正确的区域工业化模式。未来，进入工业化后期的中国工业化将面临更大的挑战，全球经济增速的放缓以及发达国家重振制造业的举措将使中国的工业化面临竞争更为激烈的发展环境，资源和环境约束加剧、人口红利终结、成本持续上涨、内需不振以及贫富差距过大等问题，已经成为进一步推进中国工业化进程的重要制约因素。为了迎接这些挑战，未来中国工业化战略必须实现从要素驱动到创新驱动的转变、从工业大国到工业强国的转变、从追求速度到包容性增长的转变这三大转变。

# 六、经济国情分析

　　基本经济国情是一个国家的经济发展总体状况和阶段基本概况，是一个国家制定经济现代化战略和国民经济发展规划的基本依据。在信息化和全球化的背景下，中国这个世界第一人口大国持续成功地推进了市场化改革和高速工业化进程，经济30多年保持高速增长，人均GDP从1978年不足100美元增长到2011年超过4000美元，发展成为世界第二大经济体。陈佳贵研究员敏锐地意识到，与改革开放初期相比，中国现实基本经济国情已经发生了巨大的变化。长期以来，中国的基本经济国情被概括为农业大国。那么，如何描述发生巨大变化的中国现实基本经济国情呢？

　　2005年，陈佳贵研究员和黄群慧研究员在《中国社会科学》2005年第4期发表了《工业发展、国情变化与经济现代化战略——中国成为工业大国国情分析》一文，提出了一个基于产业结构演进的基本国情分类框架。该分类框架综合考虑经济总量维度和经济结构维度，认为一个大国的基本经济国情应该经历从农业经济大国（农业大国）到工业经济大国（工业大国）、从工业经济大国到工业经济强国（工业强国）、从工业经济强国到服务业经济大国（服务业大国）的国情变化阶段，大致应该对应工业化初中期、工业化中后期和后工业化社会三个阶段。提出该国情分类框架的重要意义在于为长期以来流行的关于"农业大国"、"工业大国"和"工业强国"等的国情描述提供了严谨的理论基础，使这些日常流行语或政策用语变为经济学概念，进而可以拓展出一种发展经济学分析范式（如图1所示）。

　　基于这个分析框架，他们分析表明，到20世纪末21世纪初，中国已经成为名副其实的"工业大国"，这意味着中国的基本经济国情已经从"农业大国"转为"工业大国"，也就是说，中国的现实基本经济国情是"工业大国"，正处于从"工业大国"向"工业强国"转变的阶段。陈佳贵研究员还专门对我国工业化进程中的财政收支结构变化进行了深入研究，他的研究表明，伴随着从农业大国向工业大国

产业内
结构变动 ↑

| 农业经济强国 | 工业经济强国 | 服务业经济强国 |
|---|---|---|
| 一般农业经济国 | 一般工业经济国 | 一般服务业经济国 |

→ 产业间结构变动

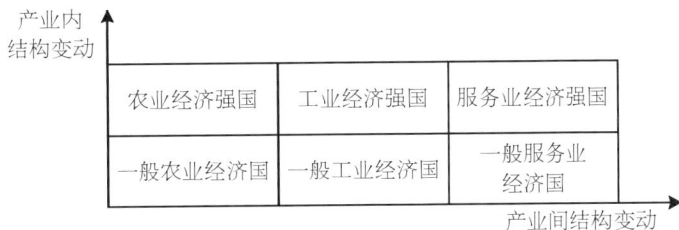

**图1 经济结构变动与基本经济国情转变**

资料来源：陈佳贵、黄群慧：《工业发展、国情变化与经济现代化战略——中国成为工业大国的国情分析》，《中国社会科学》2005年第4期。

基本经济国情的变化，财政收入结构和支出结构也发生了很大变化。改革开放之前，我们主要采取"剪刀差"等手段依靠农业来积累建设资金，支持国家的工业建设；改革开放后特别是进入21世纪后，随着工业化进程的加快，我国的财政收入主要依靠第二产业特别是工业，国家的财政收入稳定高速增长，财力逐步雄厚，国家免除了农业税，加大了对"三农"的投入。我国已经全面进入工业反哺农业、城市支援乡村的新阶段。

陈佳贵研究员关于经济国情分析的研究和对工业化进程、工业现代化的研究是相互支持的。关于中国工业化处于工业化中期的后半阶段的分析，可以支持中国的基本经济国情已经从一个农业大国转变为工业大国的判断，而工业现代化水平的分析又表明，中国虽然是工业大国，但还不是一个工业强国，总体上与工业发展的世界先进水平的差距还很大。因此，工业化进程和工业现代化水平的分析评价，支持了我们关于中国已经从农业大国转变为工业大国，但还不是工业强国的基本经济国情判断。基于这样的国情分析，符合逻辑的经济发展战略建议是：进一步推进工业现代进程、实施工业强国战略、实现工业大国向工业强国的转变，这是我国未来经济发展的关键任务，也是经济发展战略的核心。

2005年以来，陈佳贵研究员的上述关于我国基本经济国情变化的研究得到了学术界较为广泛的关注，得到了大量的引证。《工业发展、国情变化与经济现代化战略——中国成为工业大国的国情分析》一文获得了第十二届孙冶方经济科学奖，这表明学术界对该研究给予了高度认可。学术研究最终要服务于实践。关于我国已经实现了从农业大国向工业大国的转变、进一步需要推进我国从工业大国向工业强国转变的观点，也逐步成为政府的共识。2012年5月28日，中共中央政治局就坚持走中国特色新型工业化道路和推进经济结构战略性调整进行第33次集体学习。胡锦涛同志在主持学习时指出，"新中国成立以来特别是改革开放以来，我们在长期实践中探索和走出了中国特色新型工业化道路，我国工业建设取得举世瞩目的成就，建成了门类齐全、独立完整的现代工业体系和国民经济体系，实现了从农业大国向工业大国的历史性转变"，他要求，"要牢牢把握科学发展这个主题，紧紧围绕转变经济发展方式这条主线，遵循工业化客观规律，适应市场需求变化，根据科技进步新趋势，积极发展结构优化、技术先进、清洁安全、附加值高、吸纳就业能力强的现代产业体系，提高工业发展质量和效益，努力从工业大国向工业强国转变，为全面建设小康社会、加快推进社会主义现代化奠定坚实物质基础"。2012年10月，陈佳贵研究员和他的团队出版了《工业大国国情与工业强国战略》一书，进一步全面深入论述他们的观点。

## 七、宏观经济调控

围绕我国宏观经济调控问题，陈佳贵研究员提出了许多有价值的政策建议，尤其是关于我国经济增长、结构调整、控制物价、深化改革之间的关系如何平衡，他的文章都有很深入的研究。2004年，他较早地提出从2003年开始的局部经济过热问题，并建议控制固定资产投资、减少盲目投资重复建设和保持适度的经济增长速度。同年，他又提出要防止宏观经济不断出现的行政性周期、规范政府投资的资金来源和投资行为等建议。他认为，长期以来，行政性的冲动是造成我国经济大起大落的根源，而我国出现行政性周期的根本原因是政企不分，政府职能没有产生根本性的变化。要解决这个问题，关键是深化改革，要深化计划、金融制度、投资体制和土地征收征用的改革。

2007年以后，陈佳贵研究员开始主持编写《经济蓝皮书》工作，该书由中国社会科学院经济学部定期发布，对我国宏观经济形势进行分析与预测，在社会上具有重要影响。陈佳贵研究员在组织该项工作中，对我国宏观经济调控问题进行了深入系统的研究，在《人民日报》连续发表了一系列重头文章，这些文章围绕相应时期的经济形势判断、经济政策涵义、调控应该注意的问题进行了论述。表1所示为2007~2012年陈佳贵研究员在《人民日报》上连续发表的有关宏观经济调控的文章。从中可以看出，他的文章始终围绕中央的经济政策方针进行科学论证，并指出在方针实施过程中可能遇到的问题，提出具体的政策建议，尤其是注意短期与长期、总量与结构、改革与发展之间的协调，不仅具有很好的理论宣传意义，还具有很高学术支持和政策指导价值。

**表1 陈佳贵研究员2007~2012年发表在《人民日报》有关宏观经济调控文章一览**

| 题 目 | 发表日期 | 基本观点 |
| --- | --- | --- |
| 稳增长、调结构、促改革 | 2012年11月19日 | 2011年开始，经济增速已经连续7个季度回落，预计2012年经济增速会超过7.5%，经济增速回落超过预期，稳增长仍是当前宏观调控的重要任务；经济增速回落使产业结构不合理问题更加突出，增加了推进产业结构调整的急迫性；保持经济长期平稳可持续发展，必须深化改革，其中行政管理体制改革滞后是最大"短板"，简政放权、避免现在日益增多的行政对微观经济的干预是关键 |
| 保持政策稳定，促进经济平稳较快发展 | 2011年12月21日 | 2011年我国经济回落到比较合理的区间，2012年形势复杂，经济下行压力和物价上涨压力并存，2012年的宏观政策应该以稳为主，继续实施积极财政政策与稳健的货币政策，针对物价上涨过快得到初步遏制、经济增速回落合理区间，货币政策在操作层面适度放松，并加强适度预调微调 |
| 把握好宏观调控的方向、重点和力度 | 2011年8月5日 | 2011年上半年经济增速虽然有所回落，仍可达到9.3%左右，但不存在二次探底的问题，也不会出现"硬着陆"和滞胀；未来宏观调控的重点是千方百计稳定物价，增强政策的协调性，掌握好调控力度和节奏，观察第三季度调控政策效果，如果经济增速回落8%~9%、通货膨胀率降低到4%左右，宏观政策可以保持中性 |
| 处理好稳增长、调结构、抑通胀的关系 | 2011年4月6日 | 抑制通货膨胀是当前宏观调控的首要任务，这一定要把经济增速控制在适度范围，8%~9%应该是最优区间；要处理好稳定经济增长这个短期目标和调整结构这个长期目标的关系，特别是适度控制年度经济增长速度，为结构调整创造良好的宏观环境 |
| 稳定经济增长，管好通胀预期 | 2010年11月11日 | 预计2010年经济增长可接近10%，我国通胀压力增大，需要将经济增速控制在一个合理范围内，避免通胀预期转为现实，为此，继续实施积极财政政策，在不改变适度宽松政策前提下回归该政策的应有涵义，今明两年进一步适当收缩银根 |
| 推进我国经济迈向新一轮平稳较快发展 | 2010年8月4日 | 2010年是由保增长向保持平稳增长的"转变之年"、"过渡之年"，今年第四季度经济增速回落是正常的，今后，把保持宏观经济政策的连续性和稳定性作为加强和改善宏观调控的基调，把处理好保持经济平稳较快发展、调整经济结构和管理通胀预期的关系作为加强和改善宏观调控的核心，把深化改革、完善社会主义市场经济体制作为加强和改善宏观调控的保证 |
| 着力巩固经济企稳回升势头 | 2009年8月24日 | 2008年第四季度以来刺激经济增长措施已经使经济企稳回升，但基础不牢，应该继续实施积极财政政策和适度宽松的货币政策，但要适当控制投资增速，利用经济收缩期调整经济结构 |
| 抑制价格过快上涨，保持平稳较快发展 | 2008年7月2日 | 2007年经济增长率为11.9%，连续5年保持10%以上，当前经济最突出的问题是通货膨胀压力较大，下半年实施稳健的财政政策与从紧的货币政策，在通货膨胀将来趋缓时，有步骤、分阶段推进资源要素价格改革 |
| 进一步提高宏观调控的有效性 | 2007年12月26日 | 预计2007年经济增速为11.6%，防止经济增长由偏快转为过热、价格由结构上涨演变为明显通货膨胀是宏观调控的首要任务，但宏观调控的难度加大，要提高调控的有效性 |

资料来源：陈佳贵：《宏观调控、经济发展与深化改革》，中国社会科学出版社2013年版。

# 八、区域经济发展

近些年来，陈佳贵研究员一直关注西部大开发、中部崛起和东北老工业基地的振兴等问题，提出了许多具体建议被有关政府部门采用。例如，在 2005 年，他参与中央组织部组织的"西部专家行"活动，给广西提出了环北部湾（北部）经济区的发展战略。他提出：广西应该大张旗鼓地宣传"发展环北部湾（北部）"的概念，专注地打造"环北部湾（北部）经济区（或经济带）"。环北部湾（北部）的发展战略可以概括为"依托大腹地、立足大开放、发展大工业、建设大港口、构建大物流、实现经济大跨越"。这些建议是超前的，后来得到广西的认可被采纳而转为现实。另外，陈佳贵研究员关于建设长江中游经济区和海峡西岸经济区也提出了有针对性的建议。关于西部大开发，陈佳贵研究员认为，西部大开发是一项复杂的系统工程，需要加强领导、统一规划，分步实施，在开发中要有新思想、新思路、新战略。为此，要特别处理好开发与生态环境保护的关系、政府支持与发挥市场机制的

关系、开发自然资源与开发人力资源的关系、发展公有经济与发展民营经济的关系。

陈佳贵研究员作为一个学术大家，学养深厚，成就卓著，在经济学和管理学领域涉猎甚广，以上虽然综述了他的主要学术成就，但并不全面。例如，他还对工业结构问题、产业集群、制造业发展问题、社会保障问题、能源问题、环境保护问题、就业问题、城乡统筹发展问题、国际金融危机等均有研究，这里并没有综述进去，即使这里综述的八个方面，也并不十分全面和准确。他给我们留下的宝贵精神财富十分丰厚，我们需要进一步学习、继承和发扬。

【参考文献】

[1] 陈佳贵：《论企业对市场的适应性》，《中国工业经济丛刊》1982 年第 1 期。

[2] 陈佳贵：《关于企业生命周期与企业蜕变的探讨》，《中国工业经济研究》1988 年第 11 期。

[3] 陈佳贵：《企业学》，重庆出版社 1988 年版。

[4] 陈佳贵：《论发展外向型企业集团》，《中国工业经济研究》1990 年第 6 期。

[5] 陈佳贵：《企业机制再造与企业制度创新》，重庆出版社 1991 年版。

[6] 陈佳贵：《发展社会主义市场经济与企业组织结

构的调整与改革》,《经济研究》1993 年第 3 期。

[7] 陈佳贵:《试论中国社会主义市场经济的目标模式》,《中国工业经济研究》1993 年第 3 期。

[8] 陈佳贵:《市场经济与企业经营》,经济管理出版社 1993 年版。

[9] 陈佳贵:《国有企业公司化改造:产权关系重组、政企分开和减轻企业负担》,《中国工业经济》1995 年第 1 期。

[10] 陈佳贵:《现代大中型企业的经营与发展》,经济管理出版社 1996 年版。

[11] 陈佳贵:《对台湾公营企业民营化的考察》,《中国工业经济研究》1998 年第 7 期。

[12] 陈佳贵:《企业改革、管理与发展（文集)》,经济管理出版社 1998 年版。

[13] 陈佳贵等:《现代企业管理理论与实践的新发展》,经济管理出版社 1998 年版。

[14] 陈佳贵、黄速建等:《企业经济学》,经济管理出版社 1998 年版。

[15] 陈佳贵、金碚、黄速建等:《中国国有企业改革与发展研究》,经济管理出版社 2000 年版。

[16] 陈佳贵:《产权明晰与建立现代企业制度》,《中共中央党校学报》2000 年第 12 期。

[17] 陈佳贵等:《国有企业经营者的激励与约束:理论、实证与政策》,经济管理出版社 2001 年版。

[18] 陈佳贵:《培育和发展具有核心竞争力的大公司和大企业集团》,《中国工业经济》2002 年第 2 期。

[19] 陈佳贵、黄群慧:《工业现代化的标志、衡量指标及对中国工业的初步评价》,《中国社会科学》2003 年第 3 期。

[20] 陈佳贵等:《中国工业现代化问题研究》,中国社会科学出版社 2004 年版。

[21] 陈佳贵、黄群慧:《工业发展、国情变化与经济现代化战略》,《中国社会科学》2005 年第 4 期。

[22] 陈佳贵、王钦:《中国产业集群可持续发展与公共政策选择》,《中国工业经济》2005 年第 9 期。

[23] 陈佳贵:《经济改革与发展中的若干重大问题研究（文集)》,社会科学文献出版社 2006 年版。

[24] 陈佳贵、黄群慧、钟宏武:《中国地区工业化进程的综合评价和特征分析》,《经济研究》2006 年第 6 期。

[25] 陈佳贵等:《中国工业化进程报告——1995~2005 年 31 个省级区域工业化水平分析与评价》,社会科学文献出版社 2007 年版。

[26] 陈佳贵等:《中国工业化报告——我国 15 个重点工业行业现代化水平的分析与评价》,社会科学文献出版社 2009 年版。

[27] 陈佳贵等:《中国管理学 60 年》,中国财政经济出版社 2009 年版。

[28] 陈佳贵:《中国企业的改革、管理与发展（文集)》,中国社会科学出版社 2009 年版。

[29] 陈佳贵:《经济改革与经济发展战略（文集)》,中国社会科学出版社 2009 年版。

[30] 陈佳贵等:《中国企业社会责任研究报告》(2009~2012),社会科学文献出版社 2012 年版。

[31] 陈佳贵、黄群慧:《中国工业化与工业现代化问题研究（文集)》,经济管理出版社 2010 年版。

[32] 陈佳贵:《陈佳贵经济文选》,中国时代经济出版社 2010 年版。

[33] 陈佳贵等:《国际金融危机与经济学理论反思》,中国社会科学出版社 2010 年版。

[34] 陈佳贵:《工业化进程与财政收支结构的变化》,《中国工业经济》2010 年第 3 期。

[35] 陈佳贵、黄群慧等:《工业大国国情与工业强国战略》,社会科学文献出版社 2012 年版。

[36] 陈佳贵等:《中国工业化报告（1995~2010)》,社会科学文献出版社 2012 年版。

[37] 陈佳贵等:《建立成熟的社会主义市场经济体制研究》,经济管理出版社 2012 年版。

[38] 陈佳贵:《宏观调控、经济发展与深化改革（文集)》,中国社会科学出版社 2013 年版。

（整理者：黄群慧）

# 论工业化与工业现代化

进入 21 世纪后，陈佳贵老师开始关注中国的工业化和工业现代化问题，对工业化与工业现代化问题进行了深入、系统的研究，产生了一批有影响的研究成果，其中包括 6 部有关工业化和工业现代化问题的研究专著以及一系列具有广泛影响力的论文。陈老师系统、全面地分析了中国工业化和工业现代化的内涵、水平评价、战略及政策建议等相关问题。他在严格界定工业化和工业现代化基本内涵的基础上，构建了完整的工业化水平和工业现代化水平的测评指标体系，并对中国的工业化进程和工业现代化水平进行了详细的测量和分析。此外，他还总结了中国在工业化和工业现代化过程中取得的成就和积累的经验，指出了在工业化和工业现代化进程中已经存在或者可能遇到的问题，并有针对性地提出了有效的战略选择和政策建议。陈老师认为，中国已经从一个农业大国转为工业大国，工业化水平已经进入工业化后期的前半阶段，表现出了不同地区工业化水平差异很大的地区结构特征。陈老师通过计算得出，中国工业现代化水平综合指数与工业现代化国家相差较远，正处于初期发展阶段，不同地区和行业的工业现代化水平存在着显著的差异，中国工业现代化的持续推进必须考虑工业结构调整、产业组织结构优化、技术进步、信息化、资源环境约束等多方面因素的影响。

# 工业化与工业现代化的内涵界定①

对工业化以及工业现代化的内涵界定需要将其与相关的若干概念进行明确的区分，如工业、工业化、现代化、工业现代化等。工业作为国民经济的主导力量，是指从事自然资源的开采，对采掘品和农产品进行加工和再加工的物质生产部门，这些部门还可以进一步继续分为具体的工业行业，各个国家大多有自己的标准行业分类。工业化是指一国或地区的经济结构由农业占统治地位向工业占统治地位转变的经济发展过程。现代化是传统社会向现代社会转变的过程。总体上现代化是一个传统性不断削弱和现代性不断增强的过程，而现代性的内涵可以随着时代进步而发生变化。工业化是现代化的推动力，现代化进程是指由于工业化而导致从传统农业社会向现代工业社会的全球性的大转变，以及工业主义对经济、政治、文化、思想各个领域的重大影响和变革。工业现代化作为整个现代化进程的一个组成部分，也应

该是一个工业的现代性不断增强和传统性不断降低的过程。工业现代化是指在一国或地区的经济现代化过程中工业质量和效率不断提高、逐步达到世界先进水平的发展过程。可以从三个方面来理解工业现代化的内涵：第一，工业现代化过程是一个在科技进步推动下现代工业部门不断产生和发展、传统工业部门不断变革的工业发展过程。第二，工业现代化进程中，工业结构呈现出有序变化的规律性演进趋势。第三，一个国家或地区的工业现代化的实现最终体现为该国或该地区的工业生产力水平达到世界先进水平。

从工业化和工业现代化的内涵界定中，工业现代化与工业化的关系和区别可以体现在以下几方面：第一，从历史经验看，工业化是一个国家或地区经济发展和社会进步的战略问题，被认为是一个国家或地区实现现代化的整体战略选择之一。而工业现代化则相对狭义，主要分析工业本身

① 本节内容主要摘自《新型工业化战略下的工业现代化问题》，《当代财经》2002 年第 11 期；《中国工业现代化问题研究》，中国社会科学出版社 2004 年版。

的现代化问题，探讨一个国家或地区的工业是否和如何建立在当代最新的科学技术基础之上，工业的各项技术经济指标是否和如何达到当代世界先进的水平，这是工业化和工业现代化最为根本的区别。第二，工业化侧重于描述一国工业发展"量"的方面的扩张，反映一个国家工业在国民收入和劳动人口中份额连续上升的过程，那么，工业现代化则主要说明工业发展"质"的方面的提高，反映一个国家工业素质不断提高、接近世界先进水平的过程。也就是说，实现工业化，未必能够实现工业现代化，因为工业化并不要求一个国家或地区的工业一定达到或接近世界先进水平。第三，工业现代化作为经济现代化的一个组成部分是一个没有终止的过程，而工业化在一般的概念中是相对稳定的。第四，工业现代化是一个国家工业化进程达到中后期阶段工业进一步发展的必然要求，同时，提高工业的现代化水平又能够促进该国整体工业化进程。工业化和工业现代化都是有阶段性的，当一国或地区工业化发展到一定水平后，工业现代化的任务就重合到工业化进程中，而工业化

结束后，工业现代化的过程是不断延伸的。工业化和工业现代化是工业发展中相互交融的两个过程，在工业化的初中期阶段，工业发展主要体现在从无到有、从少到多的数量增长上；而到工业化中后期，工业进一步发展则更需要提高工业素质、质量和国际竞争力，并依靠它们促进工业化进程，而工业质量的提高实质上又是一个工业现代化的问题。所以说工业化与工业现代化是齐头并进、相辅相成的关系。

技术创新、制度创新和市场创新对工业发展与现代化有根本性的推动作用。到了工业化中后期启动工业现代化进程之后，工业发展和经济增长的主要影响因素是技术进步的加速。主导与新兴工业部门产生和发展导致工业结构转换对工业现代化的直接推动作用，并最终构成了"创新—工业结构变化—工业现代化水平提高—创新"的工业现代化的动力循环机制。要保证这个循环能够良性地持续下去，必须考虑环境制约因素和可持续发展问题，工业发展的可持续性是工业现代化对工业进一步创新的基本要求。

# 工业化（一）：中国工业化总体发展道路[①]

从经济发展角度看，长期以来我国都是一个农业大国。但是，在经过几十年的建设特别是改革开放30多年高速工业化进程以后，到20世纪末21世纪初，中国已经成为名副其实的工业大国。中国的工业化进程可以划分为两个大的重要时期：一是1949~1978年传统的社会主义工业化道路时期；二是1979年至今，为中国特色社会主义工业化道路时期。在传统工业化道路时期，由于缺乏重工业与其他产业的协同发展机制，导致了"重工业重，轻工业轻"的结构性缺陷，轻工业及其他产业严重落后，表现出"高积累、低消费、低效率"的特征。消费品严重短缺，消费需求受到严格抑制。在此期间，工业尽管保持了较高的增长速度，但工业与第一、第二、第三产业之间，轻重工业之间，积累与消费之间的关系极不协调，资源配置和结构状况存在明显缺陷。改革开放以来，中国进入了建设中国特色社会主义工业化道路时期。近30年的经济发展有赖于中国工业的持续高速增长以及由工业发展驱动的工业化进程的迅速推进。按照轻重工业的比例关系变化，将改革开放以来中国的工业发展与工业化进程大致划分为两个阶段：一是结构纠偏、轻重工业同步发展时期；二是重工业加速发展、产业结构明显高度化时期。始于1978年的第一阶段，针对以前长期实施的优先发展重工业而产生的严重的结构矛盾，中国开始进行工业化战略的重大调整，放弃了单纯优先发展重工业的思路，转而采取改善人民生活第一、工业全面发展、对外开放和多种经济成分共同发展的工业化战略，该阶段开始尤其注重市场需求导向，优先发展轻工业，逐步纠正了扭曲的产业结构。第二阶段大致开始于2000年，该阶段的基本特征是重工业呈现快速增长势头、工业增长再次以重工业为主导格局。进入工业化中期阶段以后，我国的基本经济国情已经从一

---

[①] 本节内容主要摘自《中国工业化进程报告：1995~2005年中国省域工业化水平评价与研究》，社会科学文献出版社2007年版。

个农业大国转为工业大国，面对全球化、信息化的趋势，我们需要新的工业化战略来指导我们继续推进我国的工业化进程，使中国从一个工业大国发展为工业强国。2002 年，中共十六大在总结我国工业发展和工业化经验的基础上，根据我国国情正式提出了我国应该走新型工业化道路。所谓新型工业化道路就是"坚持以信息化带动工业化，以工业化促进信息化，走出一条科技含量高、经济效益好、资源消耗低、环境污染少、人力资源优势得到充分发挥"的工业化道路。2004 年以后，随着科学发展观的提出，新型工业化战略成为科学发展观指导下的工业化战略。2007 年中共十七大把科学发展观写入了党章，中

国的工业化进程又掀开了新的一页。

中国工业化的主要成就体现在：第一，经济高速增长，整体经济实力显著增强；第二，经济结构持续优化，产业结构不断升级；第三，工业发展迅速，具备了庞大的工业生产能力；第四，吸引大量外资，成为世界贸易大国；第五，人民生活水平不断改善，城市化水平不断提升。将中国工业化成功的基本经验归结为四个方面：一是建设和谐稳定的发展环境，保持工业化进程的连续性；二是遵循产业结构的演进规律，促进工业化进程的高级化；三是坚持"内外双源"发展，构建全面的工业化动力机制；四是尊重地方发展经济的创造性，探索正确的区域工业化模式。

## 工业化（二）：中国工业化水平评价①

为了对工业化进程进行研究，陈老师和他的团队构建了一套综合评价国家或者地区工业化水平的指标体系和方法，这是对我国 31 个省级区域工业化水平评价的

方法基础。工业化水平的指标体系选择了以下指标来构造评价体系：经济发展水平方面，选择人均 GDP 为基本指标；产业结构方面，选择第一、第二、第三产业产值

① 本节内容主要摘自《中国工业化进程报告：1995~2005 年中国省域工业化水平评价与研究》，社会科学文献出版社 2007 年版；《中国地区工业化进程的综合评价和特征分析》，《经济研究》2006 年第 6 期；《中国工业化进程报告 1995~2010》，社会科学文献出版社 2012 年版。

比为基本指标；工业结构方面，选择制造业增加值占总商品生产部门增加值的比重为基本指标；空间结构方面，选择人口城市化率为基本指标；就业结构方面，选择第一产业就业占比为基本指标。然后，将工业化过程大体分为工业化初期、中期和后期，再结合相关理论研究和国际经验估计确定了工业化不同阶段的标志值。选用传统评价法（加法合成法）来构造计算反映一国或者地区工业化水平（或进程）的综合指数，再用多元统计方法中的主成分分析法对结果进行检验。为确保各地区数据的可比性和研究的延续性，我们主要从各类官方统计年鉴中收集地区工业化数据，对于不能直接获取的数据（主要是城市化率指标），参考相关研究成果并根据经验事实进行修正。根据上述综合评价方法，可以分别计算出我国全国以及所有的省、自治区和直辖市的工业化地区综合得分，这就是他们构造的国家或地区工业化进程（或者水平）的综合指数。通过国家或者地区工业化综合指数的计算，可以判断国家和各个地区所处的工业化阶段。

根据工业化评价的指标和方法，对中国 1995~2005 年以及 1995~2010 年工业化进程进行了全面的分析。截至 2005 年，从全国看，中国的工业化水平综合指数达到 50，这表明中国刚刚进入工业化中期的后半阶段。如果将整个工业化进程按照工业化初期、中期和后期三个阶段划分，并将每个时期划分为前半阶段和后半阶段，那么中国的工业化进程地区已经过半。从板块和经济区域看，到 2005 年东部的工业化水平综合指数已经达到了 78，进入工业化后期的前半阶段，东北地区工业化水平综合指数为 45，进入工业化中期的前半阶段，而中部和西部的工业化水平指数分别为 30 和 25，还处于工业化初期的后半阶段。长三角地区和珠三角地区都已经进入工业化后期的后半阶段，领先于全国水平整个一个时期，环渤海地区也进入工业化的后期阶段。分析结果清楚地量化表明了各个区域板块的工业化水平差异。从省级区域看，到 2005 年，上海和北京已经实现了工业化，进入了后工业化社会。天津和广东则进入工业化后期的后半阶段，而浙江、江苏和山东都进入了工业化后期的前半阶段。这七个地区都属于工业化水平先进地区，都高于全国的工业化水平。而辽宁和福建两个地区则与全国处于相同的工业化阶段，同处于工业化中期的后半阶段。山西、吉林、内蒙古、湖北、河北、黑龙江、宁夏、重庆八个地区虽然也处于工业化中期，但只处于工业化中期的前半阶段，低于全国工业化总体水平。陕西、青海、湖南、河南、新疆、安徽、江西、四川、甘肃、云南、广西、海南12省区，还处于工业化初期的后半阶段，比全国水平落后一个时期。贵州还处于工业化初期的前半阶段，刚刚踏上工业化进程，而西藏还处于前工业化阶段，还没有开始其工业化进程。

截至2010年，从全国看，中国的工业化水平综合指数达到66，表明中国刚刚进入工业化后期的前半阶段。1995年，中国工业化水平综合指数仅为12，表明中国处于工业化初期的前半阶段；2000年，中国工业化水平综合指数提高到18，表明中国进入工业化初期的后半阶段；2005年，工业化水平综合指数提高到50，中国的工业化进程已经过半。"十五"期间，中国工业化的速度加快，工业化水平综合指数提高了32。尽管"十一五"中国工业化速度放缓，但工业化水平综合指数每年仍然约提高3。从四大板块看，2010年东部和东北的工业化水平综合指数分别为82和71，处于工业化后期的前半阶段，其中东部即将进入工业化后期的后半阶段；而中部和

西部的工业化水平综合指数分别为58和50，尚处于工业化中期的后半阶段。七大区域中，长三角已经进入工业化后期的后半阶段，领先于全国其他地区；珠三角、环渤海和东三省处于工业化后期的前半阶段，中部六省处于工业化中期的后半阶段，大西北的工业化水平最低，处于工业化中期的前半阶段。从省级区域看，到2010年，北京、上海两个直辖市处于后工业化阶段，天津、江苏、浙江、广东处于工业化后期的后半阶段，这几个省市是我国经济最发达的地区，工业化水平也处于全国前列。辽宁、福建、山东、重庆、内蒙古处于工业化后期的前半阶段，与全国的工业化平均水平相当。处于工业化中期的地区数量最多，其中湖北、河北、青海、宁夏、江西、湖南、河南、安徽、陕西、四川、黑龙江处于工业化中期的后半阶段，而广西、山西、甘肃、云南、贵州处于工业化中期的前半阶段。海南、西藏、新疆三个边疆省区的工业化水平最低，仍然处于工业化初期的后半阶段。

通过比较不同阶段以及不同地区我国工业化水平的变化，可以动态地分析中国工业化进程的特征。中国工业化进程的地区结构特征：中国工业化进程体现在不同

地区上差异很大，东部地区的工业化速度依然远远大于其他地区，总体上形成一个典型的金字塔型结构，并有向橄榄型形状演变的趋势；中国地区工业化进程的速度特征：中国绝大部分地区都在加速工业化，但东部地区的速度要远远快于其他地区，中国地区之间工业化进程的差距继续

加大；中国工业化的阶段性表征：1995~2004年，中国工业化进程主要表现为人均收入的持续增长，1995~2000年，产业结构变化是中国工业化进程的另一个主要表现，2000年以后，工业结构升级代替产业结构调整成为大部分地区工业化推进的主要表现。

## 工业化（三）：中国工业化的主要问题和战略选择①

经过30多年的改革开放，中国的工业化进程取得了巨大的进展，中国整体上已经进入工业化中期后半阶段，但中国的工业化进程中也存在许多问题。对中国进入工业化中期以后的基本经济国情变化还缺少深入系统的研究，新型工业化道路下适合自己国情的工业现代化战略还有待探索。经济增长方式亟待转变，经济增长的集约化程度还很低。工业化的技术来源过多依赖国外，产业技术的自主创新能力薄弱，大中型工业企业的自主技术创新能力亟待提升。资源环境约束与工业化加速推进的矛盾突出，我国工业可持续发展还任

重而道远。劳动就业形势严峻，不断增大的就业压力严重制约着中国的工业化进程。区域经济发展不平衡，东西部地区间经济发展差距不断扩大。产业结构协调性较差，工业产业升级压力比较大。大企业与小企业之间的分工与协作关系较弱，低水平重复建设、总体产能过剩、单个企业规模小等问题表明我国工业产业组织合理化程度低。在扩大开放条件下提高国际产业分工地位面临巨大外部压力。针对以上问题，进一步推进工业化进程的战略选择有几大要点：要科学认识和把握我国基本经济国情变化，明确未来经济现代化战略

① 本节内容主要摘自《中国工业化进程报告：1995~2005年中国省域工业化水平评价与研究》，社会科学文献出版社2007年版。

的核心任务。在经济增长战略方面，切实促进经济增长方式的转变，发展重工业也要坚持新型工业化道路。在技术进步战略方面，要围绕提高我国工业国际竞争力培育自主创新能力。在产业发展战略方面，重新定位三次产业的使命，加快第三产业发展。在区域发展战略方面，一方面要科学合理定位，促进区域经济协调发展；另一方面，要鼓励各个地区探索自己的工业化模式。在经济体制改革战略方面，坚定不移地继续深化市场化改革。在对外开放战略方面，积极面对国际产业转移，制定科学合理的外资利用战略，提高我国在重大战略性产业上的控制力和竞争力。

## 工业现代化（一）：工业现代化的评价体系与水平评价[①]

中国的工业化进程面临两方面的挑战：一是由于现代科技进步和全球信息化的影响，未实现工业化的发展中国家已经不能按照发达国家传统工业化道路去实现自己的工业化，中国必须以信息化带动工业化，以工业化促进信息化，探索科技含量高的新型工业化道路；二是如何实现工业由数量扩张向质量提高、中国从工业大国向工业强国的转变。为此，需要对现阶段中国工业现代化的水平进行一个基本的判断。

从现有的工业现代化国家发展经验看，一个国家或地区是否实现工业现代化，存在三方面标志，即工业增长效率方面的标志、工业结构方面的标志和工业环境方面的标志。其一，工业总体上是否实现了由三次产业结构调整而引起的高速增长到长期稳定增长的转变，并具有世界先进水平的生产效率，是一个国家或地区是否实现工业现代化的基础性标志；其二，一个国家的工业结构的高级化，是工业现代化实现的核心标志；其三，能否形成绿色工业生产体系、保证工业经济与环境协调发展，是一个国家或地区是否实现工业现代化的环境标志。根据工业现代化的三大标志，他们选取了包括基本指标和辅助指标

---

① 本节内容主要摘自《工业现代化的标志、衡量指标及对中国工业的初步评价》，《中国社会科学》2003 年第 3 期；《中国工业化与工业现代化问题研究》，经济管理出版社 2009 年版；《中国工业现代化问题研究》，中国社会科学出版社 2004 年版。

的工业现代化的评价指标体系，具体如下：工业效率方面，选取制造业中每个工人的增加值为基本指标，将人均GDP、制造业增加值率、劳动报酬占制造业增加值的比重和制造业企业平均生产规模4个指标作为辅助指标。在工业结构方面，选取了主要工业生产设备达到国际水平的比例等5个基本指标和专利权申请文件数量等6个辅助指标。在环境和可持续发展方面，选取每千克能源产生GDP（PPP美元）和每个PPP美元GDP的二氧化碳排放量两个基本指标及包括工业"三废"排放量等在内的3个辅助指标。上述指标分别可以从不同方面衡量一个国家或地区的工业现代化水平，但为了得到一个总体上的数量概念，有必要构造一个"工业现代化水平综合指数"。这个综合指数是在各个专项指数（工业效率指数、工业结构指数、工业环境指数）的基础上，赋予一定的权重（权重可以用德尔菲方法得到），进行综合计算所得。最终综合指数的计算公式为：工业现代化水平综合指数 = $\sum$（个体指数×权数）/ $\sum$权数，这样计算出来的工业现代化水平综合指数的取值范围为0~100。

到20世纪末，中国成为名副其实的工业大国。然而，数量、规模的庞大并不意味着很高的工业现代化水平。依靠上述工业现代化评价指标，可以对中国的现代化水平进行基本判断。在工业增长效率方面，从工业生产率角度看，中国工业现代化水平还很低，考虑到汇率计算等因素综合判断，只大致相当于工业现代化国家10%~20%的水平。在工业结构方面，中国工业结构的高加工度化和技术集约化水平还比较低，中国工业现代化还处于较低水平，如果需要给出一个经验量化估计，我们估计大致相当于工业现代化国家30%~40%的水平。在工业环境方面，中国环境污染不严重的工业部门的增长速度要快于环境污染严重的工业部门。在工业清洁生产和可持续发展方面，我国与国外还有相当的差距，从这个角度评价，我国工业现代化水平大致相当于工业现代化国家20%~30%的水平。综合上述三方面的评价，中国工业效率、工业结构、工业环境三方面现代化水平分别只相当于工业现代化国家的10%~20%、30%~40%、20%~30%，分别乘以相应权数计算出来综合指数范围，最终根据经验修正中国工业现代化水平的综合指数范围为21~31。根据以上给出的工业现代化水平综合指数计算公式和对中国各项指标的分析，最终计算得到中国

2004年工业现代化水平综合指数为28.72。

上述中国工业现代化水平综合指数计算结果表明，虽然中国工业现代化水平与工业现代化国家还相差很远，但中国工业现代化进程已经起步，正处于初期发展阶段。这与处于工业化进程中后期的国家都要启动工业现代化进程的国际经验相吻合。中国工业进一步发展的战略核心是在进一步加快工业化步伐过程中积极推进工业现代化进程，以提高工业现代化水平来促进工业化进程向高级阶段发展。推进中国工业现代化进程应注意的问题：第一，协同推进新型工业化和工业现代化进程，探索适合中国国情的工业现代化模式。第二，正确处理工业现代化与扩大劳动就业的关系。第三，鼓励各个地区探索自己的工业现代化道路，使部分地区率先实现工业现代化。第四，正确处理信息化与工业现代化的关系。第五，通过推进市场化改革加速中国工业现代化进程。第六，适应经济全球化趋势，推进中国工业现代化。

## 工业现代化（二）：中国典型行业与地区工业的现代化[①]

我们从工业行业层次进行分析，选择了15个具体工业行业，对其现代化水平进行分析与评价。从工业行业视角分析工业现代化，同样可以分为三个大的方面，即工业效率、工业结构和工业环境。但是，显然与国家的工业现代化评价指标不完全相同。我们具体构造工业行业现代化评价指标体系，从行业角度衡量工业现代化水平的指标体系也分为三个大的方面，即效率、结构和环保，但具体划分了七类指标，分别是行业效率、技术的先进性、信息化水平、国际化水平、产业组织合理化水平、企业管理科学化水平和可持续发展水平。在具体选择指标时，可以考虑两

---

[①] 本节内容主要摘自《我国实现工业现代化了吗？——对15个重点工业行业现代化水平的分析与评价》，《中国工业经济》2009年第4期；《中国工业现代化水平报告——15个重点工业行业的现代化水平分析评价》，社会科学文献出版社2009年版；《中国东北老工业基地的振兴与现代化问题研究》，《改革》2004年第1期；《长江三角洲地区工业现代化问题初步研究》，《上海经济研究》2003年第12期；《中国工业现代化问题研究》，中国社会科学出版社2004年版。

类指标，一是具有国际可比性的基本评价指标，二是国内可比性的辅助指标。总体上看，我国工业行业之间现代化水平差距较大。在我们重点研究的 15 个行业中，处于前三位的行业是船舶制造、钢铁、石油工业，这三个行业现代化水平最高，已经达到了世界先进水平的 50% 以上，完成了现代化进程一半的路程；电力工业、计算机制造业和纺织工业这三个行业的现代化水平较高，超过了我国整体工业现代化水平，基本接近世界先进水平的 50%，化学工业现代化水平也高于我国整体工业现代化水平；排在最后三位的是水泥工业、煤炭开采业和机床工具业这三个行业，其现代化水平最低，不仅低于我国整体工业现代化水平，甚至未达到世界先进水平的30%，未完成现代化进程 1/3 的路程；医药、通信设备、汽车、食品、造纸这五个行业与我国工业整体现代化水平大体相当，基本完成了 1/3 的现代化历程。虽然总体上我国产业分工处于较低的位置，但没有显著证据表明我国低技术行业的现代化水平会高于高技术行业的现代化水平，我国在低技术行业中也存在现代化水平低的产业，在高技术行业中我国也有现代化水平较高的行业。中低技术行业现代化水

平综合指数平均值是最高的，其次是低技术行业，再次是能源工业，然后是高技术行业，最低的是中高技术。从这里的评价也可以看出，行业的竞争程度虽然与该行业的现代化水平相关，但并不意味着垄断行业现代化水平就一定低、竞争性行业现代化水平就高，或者反之。如垄断性较高的石油行业现代化水平较高，而竞争性较强的船舶制造业和钢铁工业现代化水平也较高。通过上述对 15 个工业行业现代化水平的评价，可以看出，虽然各个行业的现代化水平不同，阻碍各个行业现代化进程的因素及其阻碍程度各有不同，但也有一些问题是推进我国工业现代化进程各个行业所共同面临的。这包括：劳动生产率低、大量的劳动就业人口的国情严重制约着中国的工业现代化进程；工业技术来源过多依赖国外、研发投入不够、自主创新能力薄弱，先进技术自主研发能力有待培育；我国工业可持续发展能力有待提高，需要积极应对资源环境约束的挑战；工业产业组织合理化程度不高，存在低水平重复建设、总体产能过剩、单个企业规模小等问题。

对于中国地区工业现代化的分析，重点研究了珠三角、长三角以及东北老工业

基地的工业现代化情况。改革开放以来，珠江三角洲的工业和经济发展速度一直很快，工业规模迅速扩大，占全国工业的比重持续上升。进入 20 世纪 90 年代以后，珠江三角洲的工业化进程已由以工业资本的形成、产业规模的扩张和大量人口的非农化为主要特征的工业化初期阶段，进入以工业技术的提升、产业结构的调整和人口素质的改善为主要特征的工业现代化阶段。珠江三角洲工业发展的主要问题与差距在于：技术集约化程度不高，高新技术产业的带动作用不强；产业组织结构不合理，规模效益优势不明显；科技投入对结构调整支持力度相对不足；投资体制和企业经营机制存在的问题在激烈的竞争压力下日益突出。鉴于其已经具备率先实现工业现代化的基础，建议珠江三角洲率先实现工业现代化。以下要点可帮助珠江三角洲更快实现工业现代化：第一，稳步推进以市场机制为依托的区域发展规划和重点项目，促进以港珠为轴心的大珠江三角洲区域的协调发展；第二，加快区域内的城市化和产业集群建设，推进区域产业结构调整和高度化的互动；第三，运用和创新金融市场的投融资功能，加大科技、教育和企业的技术投入，提高技术创新能力；

第四，深化企业改革和管理体制改革，促进统一大市场体系的形成，以市场原则实行跨地区的产业结构调整和产业组织重组；第五，继续实施外向促进和带动战略，全力提升珠江三角洲产业的国际竞争力。

长江三角洲地区已经成为我国重要的生产中心和制造业基地，甚至对世界制造业的发展具有相当影响。在地区现代化进程不均衡的情况下，该地区应该是我国少数率先实现工业现代化的地区之一，该地区的工业现代化问题更具有现实紧迫性，对全国工业现代化问题也具有典型示范意义。从总体上看，长江三角洲地区的工业化程度较高，无论是按照人均 GDP 指标，还是根据三次产业结构比例，长江三角洲地区大多数城市都进入了工业化中后期阶段。根据经验修正长江三角洲地区工业现代化水平的综合指数范围为 41~56.5，最终计算长江三角洲地区工业现代化水平指数为 41.76。从 2004 年的截面数据来看，长江三角洲地区正在经历工业化中期的快速增长阶段，朝着工业化后期迈进。进一步推进长三角地区工业现代化进程需解决的问题包括：工业的技术创新能力还有待提升，自主创新机制需要完善；从国际角度看，长江三角洲制造业仍有相当差距，持续国际竞争力不强；产业结构的整体层次还需要进一步提高，产业升级压力较大；区域内工业发展的协调有待加强，产业结构趋同问题比较突出；重点区域的工业污染需要强化治理，促进工业清洁生产和可持续发展。

东北地区曾被誉为新中国的"工业摇篮"，奠定了中国工业化的初步基础。然而，选择劳动生产率、原料工业与高新技术工业增加值占整个工业增加值比例、专利申请与授权量、工业"三废"排放与利用等指标对工业现代化进行分析，东北地区工业的整体发展和现代化进程已经落后于全国的步伐。东北地区工业现代化水平差距的主要表现：从整体上综合表现看，东北地区工业全员劳动生产率与全国水平还有相当大的差距。从工业生产设备的现代化水平看，东北地区工业生产设备老化问题十分突出。从产业结构看，东北地区工业结构高级化程度低，高技术产业明显落后。东北地区的工业科技创新能力和现代化发展程度还比较低。从工业可持续发展角度看，整个东北地区的工业污染问题比较严重。东北地区工业的整体发展和现代化进程已经落后于全国的步伐。制约东北地区老工业基地振兴和现代化进程的因素是多方面的，不仅表现为产业资源衰竭和技术进步缓慢，而且还表现在市场化水平低、产业结构得不到有效调整等方面。因此，推进东北老工业基地的现代化改造是一个系统的综合治理过程，需要注意以下问题：必须有系统的现代化改造思路，协同推进市场化改革、产业结构优化调整和技术改造；深化经济体制改革、培育多层次的市场主体是振兴东北老工业基地、推进现代化进程的重要前提；以结构调整优化为主线，推进工业结构高级化，加速工业现代化进程；推进资源型老工业基地的"柔性"改造，培育扶持后续替代产业；用现代技术改造东北地区的传统工业，促进产业深化，提升产业竞争力和现代化水平；挖掘自己的区位优势，积极引进外资，促进东北地区老工业基地的发展。

# 工业现代化（三）：推进中国工业现代化的战略对策[①]

加快工业结构调整，深化我国工业现代化水平。我国产业结构与国际先进水平存在相当大的差距：工业产出结构的高度化不明显，加工组装工业劳动生产率提高幅度缓慢，产业结构的非均衡特征突出，例如工业所有制结构的偏差和国有经济的比重过高、工业化与城市化的结构偏差和城乡产业结构的严重失衡。工业结构调整升级的战略选择要点包括：在继续扩大对外开放的基础上实施技术引进与自主创新战略；推进城镇化与欠发达地区的工业振兴，促进城乡和区域协调发展；在继续扩大对外开放的基础上努力提升中国工业的国际竞争力；通过培育一批具有国际竞争力的企业群体来推进工业结构的调整与升级；实施可持续发展战略。加快我国工业结构调整与升级的政策建议主要有：坚持分类指导，对不同类型产业采取不同产业政策；完善市场引导机制，积极引导产业投资；为工业结构调整与升级创造公平有效的市场竞争环境；深化体制改革和加快制度创新，促进工业结构调整与升级；正确处理开放与保护的关系，根据世界贸易组织规则保护我国产业安全和提高我国产业国际竞争力。

尽快建立合理的产业组织结构，有效推进工业现代化进程。尽管近年来中国工业企业的规模以及专业化协作程度呈上升的趋势，但现阶段中国工业产业组织仍处于一种低级化、不合理的状态，影响我国工业现代化进程，具体表现在以下几个方面：行业集中度低，规模经济水平不高，全能企业比重大，生产专业化协作程度较低；存在地区之间重复建设以及过度竞争问题；许多工业行业生产能力利用率较低；市场运作绩效较差，利润率有待提高。采取有效的措施，努力推进我国工业产业组织的合理化，成为当务之急。有以

---

① 本节内容主要摘自《工业自然资源配置与中国工业的现代化》，《经济管理·新管理》2004 年第 2 期；《中国工业化与工业现代化问题研究》，经济管理出版社 2009 年版；《中国工业现代化问题研究》，中国社会科学出版社 2004 年版；《工业大国国情与工业强国战略》，社会科学文献出版社 2012 年版。

下要点需要注意：深化体制改革，为产业组织合理化创造良好的制度环境；培育和发展大型企业集团，提高规模经济水平；实施供应链管理，提高企业专业化协作水平；科学合理地制定并实施产业进入及退出政策；提高企业管理水平，强化企业竞争能力。

构建良好的技术进步环境，加快技术革新，推动工业现代化。中国科技发展水平在世界主要国家中居中游水平，处于发展中国家前列，但与发达国家和一些新兴工业化国家相比仍有很大差距。中国工业制造总体技术水平还比较低，仍处于世界产业分工体系的低端，即主要依靠劳动力比较优势的加工制造环节，增加值率和收益率都比较低。提升中国工业技术现代化水平的主要制约因素是中国所处的发展阶段和较低的投入状况。同时，有关的政策法律环境也不利于企业技术进步，还没有建立技术进步的投融资体系，知识产权保护方面的立法不完善，执行不严，地方本位主义等问题严重。相应的战略要点包括：充分认识工业技术现代化的战略地位，正确处理自主开发与技术引进的关系。具体而言，加快建立以企业为主体的工业技术进步机制，进一步深化现有科研机构的企业化改制，强化政府在科技进步尤其是关键技术开发中的战略决策能力和宏观调控能力，建立健全有利于企业提高科技投入的宏观政策体系和外部环境，加快建立工业技术进步的多元化和社会化投融资体系。

要以信息化推动我国的工业现代化进程。工业现代化是一个动态的过程，信息化也是一个不断发展的过程，动态发展的信息化不仅与我国的工业化存在密切关系，而且直接关系到我国工业现代化的发展速度、进程和水平。因此，仅仅以信息化带动工业化是不完全的，还必须同时强调以信息化推进我国的工业现代化。由于受起步晚、底子薄、发展时间短等因素所限，当前我国信息化仍然存在不少问题，不利于以信息化推进我国工业现代化的战略实践。例如信息化投入不足、信息技术普及应用程度不高、信息技术综合应用能力较差、发展不平衡、信息产业量大、增长速度快，但关键信息技术和信息产品还比较落后、信息化基础薄弱。以信息化带动工业化、推进工业现代化的战略部署，战略要点在于：加强以信息化带动工业化、推进工业现代化的战略规划；优先发展信息产业；在工业领域普及信息技术应用，加快传统产业改造；加快企业信息化进程；加强国家对信息资源的系统管理，促进有效的开发利用；充分发挥信息化在平衡区域经济发展中的作用；加快信息技术标准及相关的法律法制体系建设；加强信息技术教育，促进信息技术人才培养与有效利用；营造有利于以信息化带动工业化、推进工业现代化的综合环境。

考虑资源环境的约束，实行我国工业现代化的可持续发展道路。脆弱的生态环境、严重的工业污染和巨大的环境经济损失，使中国的工业化付出日益沉重的环境代价。中国实现工业现代化，必须改变粗放型的"环境透支"增长方式，大力实施可持续发展战略，在发展中保护生态环境，使经济、社会与环境和谐统一。目前，中国工业可持续发展的问题与差距具体体现在乡镇工业污染问题突出、工业污染导致巨额环境经济损失、环境挑战与资源约束局面不容乐观、能源利用效率和污染治理能力存在巨大差距。推进中国工业可持续发展的对策如下：逐步建立现代工业循环经济的新体系，从"末端治理"转向全面清洁生产，不断加大工业技术进步力度与环保科技投入，努力提高能源及各种资源的综合利用效率，加强可持续发展领域的国际合作，不断改善工业结构与布局，加快企业产品结构调整，提高可持续发展法规的执法水平，强化环境监督管理。

（整理者：刘刚）

# 论企业管理

陈老师的企业管理观，是他从企业管理实践出发，紧密跟踪前沿理论进展过程逐步形成的。主要的贡献体现在四个方面：一是宏观和微观的有机结合，从宏观视角出发来思考管理问题，站在企业改革和发展的角度，深入研究企业改革与管理的关系、企业发展与管理的关系，并提出企业管理的系统性，将企业管理体系概括为"一、二、三、四"，即一种文化、二种管理结构、三项基础建设、四项全面管理；二是在企业生命周期理论上的创新，他在1988年率先提出企业生命周期的六阶段划分，刻画了三种成长类型，从企业的经济形体、实物形体和产品三个方面丰富了企业的蜕变理论；三是系统梳理和总结

了新中国管理学60年的发展历程，将新中国管理学发展划分为"探索奠基"、"恢复转型"和"完善提高"三个阶段，并对未来的管理学研究做出了展望；四是密切洞察企业管理理论的前沿进展，并做出前瞻性判断，其中关于组织网络化、多中心决策、组织形式多样化和自我更新的趋势判断，到今天仍有极强的现实指导意义。当然，这只是对陈老师等身著作的部分梳理，不是老师学术贡献的全部，同时，学生对老师精深博大学术思想的挖掘也是有限的。但这个简单梳理的过程，仍然给学生带来无限的精神享受，让我再一次重温老师的精神旅程，感受他那颗赤诚、纯朴的学术心灵。

# 一、宏观视角下的企业管理①

陈老师从企业改革和发展的角度来思考企业管理问题，深入研究企业改革与管理的关系、企业发展与管理的关系。企业改革是企业制度、管理体制、管理方法和管理手段等方面的重大变革。管理是对企业各项工作的计划、组织、控制和指挥，发展是指企业在"量"的方面的扩张和"质"的方面的改善和提高。当前，如何处理好这三者之间的关系，不仅是企业领导者面临的严峻问题，也是政府经济管理部门面临的严峻问题。

## 1. 企业改革与企业管理

企业改革和企业管理是相互促进、相辅相成、相互保证的关系。首先，企业改革和企业管理的最终目标都是发展生产力，促进企业发展。企业管理的目标是有效地组织企业的生产经营活动，合理地配置企业的各种资源，达到企业效益的最大化和促进企业的发展；而企业改革的直接目标虽然是建立一种符合生产力发展要求

的企业制度和管理制度，或创造推广一种能够提高生产率的管理方法和管理手段，但是最终目标也是解放生产力，使企业能够得到更快的发展。

其次，企业改革能促进企业改善和加强企业管理。企业改革的内容十分广泛，既包括企业的制度改革，又包括企业管理制度、管理方法和管理手段等方面的改革。企业制度的变革是企业的一项根本性改革。在西方市场经济国家，企业主要有三种法律形态，或称三种企业制度，即单一业主企业、合伙企业和公司企业。由单一业主企业向合伙企业的转变是企业制度的一次重大变革，从合伙企业向公司企业转变更是企业制度的一次伟大变革。特别是股份有限公司的出现，标志着企业的发展进入了现代企业制度的崭新阶段。西方的许多法学专家和管理学专家对公司法人制度给予了极高的评价，有的学者甚至认为，现代资本主义经济之所以还能较快地

①陈佳贵：《正确处理企业改革、管理和发展的关系》，《经济管理》1995年第11期；陈佳贵：《重视企业管理创新，迎接21世纪的挑战》，《经济管理》2000年第1期；陈佳贵：《企业管理的系统性与发展方式的转变》，《经济管理》2011年第3期。

发展，与现代企业制度的建立有很大关系。马克思也曾经对股份公司给予过肯定的评价，他指出：股份公司出现后，"公司规模惊人地扩大了，个别资本不可能建立的企业出现了。同时，这种以前由政府经营的企业，成了公司的企业"。在股份公司中，"那种本身建立在社会生产方式的基础上并以生产资料和劳动力的社会集中为前提的资本，在这里直接取得了社会资本（那些直接联合起来的个人的资本）的形式，而与私人资本相对立，并且它的企业也表现为社会企业，而与私人企业相对立。这是作为私人财产的资本在资本主义生产方式本身范围内的扬弃"。当然，股份公司制度的出现并不意味着企业制度变革的完结，企业制度还需要在实践中继续变革、发展。

与企业法律制度的改革比较，企业管理制度的变革则要频繁得多。企业管理制度包含的内容十分丰富。以对企业具有普遍影响的企业管理组织结构为例，它也是在不断变革的。从 19 世纪末到 20 世纪初，企业普遍采用的是直线制，企业由业主个人集权管理。业主主宰整个企业，企业中的重要事情都由他直接决策、指挥，专门的管理人员较少，作用也很有限。从

20 世纪初开始，随着企业规模的扩大和管理工作越来越复杂，管理组织结构开始变革，直线制逐渐被集权的职能部制和直线—参谋组织结构取代。到 20 世纪 20 年代，不少企业开始向产品多样化方向发展，原来的管理组织结构越来越不适应这种变化，于是产生了事业部制。后来，随着不少企业向跨国公司方向发展，又产生了超事业部制、矩阵制等集权和分权相结合的管理组织结构。

现在，为了适应新形势要求，西方市场经济国家的管理组织结构正在向多样化方向发展。企业管理组织结构的每一次重大变化，都促进了企业其他管理制度的变革。管理方法也在不断进行变革。企业管理既是一门科学，又是一种艺术，特别在当代，人们将管理学、数学、经济学、行为科学、政治学等学科的知识和原理运用到企业管理中，使企业管理的方法发生了革命性变化。计划与决策、生产管理、质量管理、技术管理、物资管理、销售管理、财务成本管理、人事管理等方面，都产生了许多新的管理方法。比如，在质量管理方面，从事后质量检验阶段、质量统计阶段发展到全面质量管理阶段，从而引起了质量管理方法的根本性变化；在生产

管理方面，采用了先进的看板管理、成组技术等管理方法，也使管理方法发生了重大变革。

管理手段的变革也是企业改革的一项重要内容。特别是计算机在企业管理中的广泛运用，为管理决策和各种专业管理提供准确、迅速、详细的各种信息和资料，大大提高了决策的质量和其他管理的水平。从上述企业改革的内容不难看出，任何正确的改革措施无疑都会促进企业管理工作的加强和管理水平的提高。另外，企业管理能巩固、改善和发展企业改革的成果。由于企业改革是企业法律制度、企业管理制度、管理方法和管理手段等方面的重大革命性变革，因此改革总是具有创造性、试验性、冒险性、阶段性等特征，而企业管理则是艰苦细致的经常性的工作。任何改革措施都必须变为具体的管理制度、管理方法在实践中贯彻落实。因此，管理不仅会巩固改革的成果，而且会使改革措施在实践中不断完善、发展。上面的分析说明，企业改革和管理既存在密切的联系，又存在一定的区别。因此，既要重视改革，又要重视管理。不能以改革来代替管理，或以管理来代替改革。特别是当前我国正处在经济体制改革转轨的特殊时期，更要处理好改革和管理的关系。要坚持把改革放在首位，以改革来促进企业管理工作的改善和企业管理水平的提高。

**2. 企业管理与企业发展**

企业管理和企业发展的关系十分密切。首先，企业管理是企业发展的重要保障。随着科学技术的发展，生产社会化程度的提高，人们对管理越来越重视。在西方市场经济国家，企业无不把提高管理水平放在非常突出的地位。有的把管理、科学和技术视为现代文明的"三鼎足"，看成关系企业能否存在和发展的"三根支柱"，有的把科学管理和现代化技术比作经济高速增长的"两个车轮"，还有的把管理看成一种与有形的物质资源并存的无形的物质资源。人们如此重视管理，是因为管理和科学技术一样，是促进企业发展的一种非物质要素的生产力，是企业发展的重要保障。马克思指出："不论生产的社会形式如何，劳动者和生产资料始终是生产的因素。但是二者在彼此分离的情况下，只在可能性上是生产因素。凡要进行生产，就必须使它们结合起来。"把劳动者和生产资料结合起来的正是管理。它对生产力的三个物质要素——劳动者、劳动工具和劳动对象，起着一种全局性的组织作用，具有使潜在的生产力转化为现实生产力的功能。换句话说，管理是结合各种生产要素的纽带，没有管理，就没有生产劳动。没有生产劳动，也就无所谓生产力。从这个意义上说，管理、科学技术是比劳动者、生产资料层次更高的生产力要素。管理既然是生产力的要素，它对企业的发展、企业经济效益的高低必然会产生重要的影响。一些企业家认为，在一个企业里，如果投资占 1 分，科技占 3 分，管理则占 6 分。国外一个研究机构提供的资料表明：在一个现代化企业里，每增加一名合格的体力劳动者，可以取得 1：1.5 的经济效果；每增加一名合格的技术人员，可以取得 1：2.5 的经济效果；而每增加一名有效的管理者，可以取得 1：6 的经济效果。我国有关部门的测算表明，我国的工业固定资产每增加 1%，生产只增长 0.2%；工业劳动力每增加 1%，生产只增长 0.75%，而每增加 1% 的训练有素、懂管理、会经营的管理人员，企业的生产则可以增长 1.8%。目前，我国一些国有企业的产品不对路、效益低、亏损严重，除少数是受政策性因素影响外，多数与这些企业领导者的素质不高、管理水平低、企业管理混乱有关。

以上分析说明管理对企业发展和企业经济效益的高低有重要影响。在一个企业里，如果管理水平低，生产要素得不到合理运用，职工积极性得不到很好的发挥，企业就不可能获得健康、迅速的发展。

其次，企业发展要求不断加强和改善企业管理。良好的企业管理能促进企业发展，企业的发展又要求加强企业管理。企业发展既表现为企业生产经营单位、生产线、职工人数、产品种类、品种、数量、销售收入、地区分布等"量"的扩张，也表现为先进工艺的采用、先进技术的引进等"质"的提高。这两方面都要求加强企业管理。特别是在企业的高速增长期，企业各个方面都发展很快，如果企业的管理跟不上去，就会出现"增速不增效，增产不增收"的局面，让管理拖了企业发展的后腿。以日本为例，它从 20 世纪 50 年代初开始大量引进美国的先进技术，但是管理问题没有引起企业的足够重视，结果虽然从美国引进了先进技术，产品产量、劳动生产率和成本水平却大大落后于美国。在 50 年代后期，企业通过总结经验教训，在学习美国先进管理方法的基础上，创造了一套以提高产品质量和服务水平为中心的现代管理方法，从而使企业获得了迅速发展，对整个日本经济的腾飞也起到了很好的作用。我国也存在类似的情况。一些企业花巨资从国外引进了先进设备、技术，扩大了企业的规模，但由于管理和其他工作没跟上去，不能很好发挥这些技术和装备的作用，经济效益也不理想。

### 3. 企业管理的系统性

企业管理既有综合性管理，也有许多专业性管理。加强和改善企业管理涉及方方面面的工作。如何才能抓住某些具有综合性、全局性、系统性的关键性管理工作，把其他管理工作都带动起来，这是企业管理系统性要研究的问题，也是企业管理理论和实践都需要认真研究和探索的问题。

20 世纪 80 年代中期，蒋一苇先生对此做过一些探讨，提出过自己的一些看法，后来人们对这个问题就很少涉及了。在转变经济发展方式的大背景下，对这个问题重新展开研究、探讨，既有理论意义，又有实践意义。陈老师认为，按照系统性原则，企业管理的工作可以概括为"一、二、三、四"：一是培育一种健康的企业文化；二是完善两种管理结构，即完善企业的治理结构和企业内部的组织结构；三是三项基础建设，即抓好企业的制度建设、班组建设和管理信息化建设；四是实行"四项全面管理"，即实行以战略管理为主要内容的全面计划管理，以提高资金使用效果为重点的全面财务成本管理，以培育企业核心竞争力为中心环节的全面质量管理和以人本管理为基础的全面人力资源管理。

## 二、企业生命周期理论创新[①]

陈老师在《中国工业经济丛刊》1988年第 2 期发表了《关于企业生命周期的探讨》一文。他认为，企业与许多有机体一样，存在一个从诞生到死亡的时间过程，这就是企业生命周期。从发表的时间看，该理论的提出比美国管理学家伊查克·艾迪思博士提出的企业生命周期理论还要早一年，艾迪思《企业生命周期理论》的英文

---

[①] 陈佳贵：《关于企业生命周期的探讨》，《中国工业经济丛刊》1988 年第 2 期；陈佳贵：《企业学》，重庆出版社 1988 年版；陈佳贵：《关于企业生命周期和企业蜕变的探讨》，《中国工业经济》1995 年第 11 期。

第一版是在 1989 年出版的。

## 1. 企业生命周期与企业成长类型

所谓的企业生命周期理论就是揭示企业生命周期规律的理论，严格地说，就是有关企业组织的生命周期中各个阶段本质特征的理论分析和归纳概括。他进一步将企业生命周期划分为孕育期、求生存期、高速发展期、成熟期、衰退期和蜕变期六个阶段。企业有不同的成长类型，各种成长类型在生命周期的不同阶段表现出不同的特征。就企业成长类型而言，通常有欠发育型、正常发育型和超常发育型三种。

在孕育期，企业具有可塑性强、投入扩大建设周期长、对后期成长影响大的特征。在求生存期，企业表现出实力较弱、依赖性强、产品方向不稳定、创新精神强、发展速度不稳定、波动大、破产率高、管理不规范等特征。在高速发展期，企业表现为实力强，形成了自己的主导产品，由单厂企业发展为多厂企业，创新能力强、发展速度快、波动小、专业水平提高、企业间协作加强，管理逐步规范化的特征。在成熟期，企业表现为发展速度减慢，产品逐步向多样化方向发展，企业向集团化发展，具备良好形象，内部管理逐步从集权模式向分权模式发展，创新精神

减退、思想趋于保守的特征。在衰退期，企业如同人一样，机体也会减退，表现出"大企业病"日益严重，工艺落后、技术装备陈旧，产品老化，企业生产萎缩、效益降低，负债增加、财务状况恶化等特征。进入衰退期之后，企业有两种命运，一种是衰亡，一种是蜕变。企业的蜕变期是企业成长过程中的一个关键阶段，它关系到企业是否还会延续。

## 2. 企业的蜕变

陈老师在日本藤芳诚一教授提出的蜕变理论的基础上，又进行了新发展。藤芳教授蜕变理论的要点是：一是将企业经营划分为"战略经营"和"生产效率经营"两类，前者是适应复杂多变的环境，有意识"蜕变"所进行的经营，后者着眼于扩大规模，提高生产率和利润率；二是企业应该在"提高工作效率"、"充分满足人的需要"和"企业的变态存续"三个实践目标方面结合成完整、统一的管理理论体系；三是企业组织是一个事业转换的形态组织，应该建立适应环境的概念。陈老师认为藤芳教授的理论并没有从生命周期的角度考察企业蜕变，因而没有将企业的蜕变看成企业成长的一个特殊阶段，这就很难将企业在其他成长阶段发生的变化和企

业在蜕变期发生的变化区分开来。另外，藤芳教授在分析蜕变时只注意到经济形态和产出的变化，而忽视了实物形体的变化，而在实际经营过程中，企业实物形体的变化对产出变化具有十分重要的影响，它是企业蜕变中的一项重要变化。陈老师进一步从企业的经济形体、实物形体和产品三个方面来分析企业的蜕变。

# 三、新中国管理学 60 年的回顾与展望[①]

中国的管理学思想源远流长。公元前 5 世纪前后，先秦诸子的学说着眼于解决如何治国平天下的问题，现出了"国家管理学"百家争鸣的局面，《孙子兵法》因探索战略的一般规律被认为是最早的战略管理学著作。20 世纪初，管理学作为一门科学逐步兴起并迅速发展，我国开始向西方学习管理学。新中国成立后，我国一方面学习和引进苏联的管理模式和管理学知识，另一方面我国企业也探索出许多有中国特色的企业管理经验和模式。但中国现代管理学的建立和发展是以中国改革开放、高速工业化进程为背景的。尤其是 20 世纪 90 年代以来，随着我国市场化、工业化、国际化和信息化进程的加快，无论是管理创新实践，还是以探索市场经济条件下管理活动规律为己任的管理学术研究以及以培养管理人才为目标的管理学教育，都取得了很大发展。

**1. 新中国管理学 60 年的阶段划分**

陈老师认为中国管理学 60 年经历了"探索奠基"、"恢复转型"和"完善提高"三个发展阶段。

（1）探索奠基阶段。从 1949 年新中国成立到 1978 年中共十一届三中全会之前，管理学呈现出计划经济条件下生产导向型管理的基本特征，社会主义企业管理学从无到有逐步建立，我国管理学整体处在"探索奠基"阶段。20 世纪 50 年代，我国企业管理主要以学习借鉴苏联模式为主，在全国范围内系统引进了苏联的整套企业管理制度和方法，强调集中统一领导，推

---

[①] 主要参考了陈佳贵主编：《新中国管理学 60 年》，中国财政经济出版社 2009 年版；陈佳贵：《把握世界发展趋势，加快中国管理学创新》，在"管理学百年与中国管理学创新"学术研讨会暨中国企业管理研究会 2012 年年会上的讲话（2012 年 9 月 15 日）。

行苏联的"一长制"模式和"马钢宪法"，在计划管理、技术管理、经济核算制等方面奠定了生产导向型管理的基础。新中国成立初期，我国企业十分注重总结工人日常生产工作经验和班组管理实践，总结推广了马恒昌小组（1949 年）、郝建秀工作法（1951 年）等若干先进生产管理经验。这一时期，我国理论工作者对管理学的贡献表现在两方面：一是在管理科学与工程学方面推进了运筹学的研究与实践运用。1956 年中国科学院成立了运筹学研究小组，许国志、刘源张编著了中国最早的《运筹学》，华罗庚编著了《统筹法》，向全国推广数量管理，取得了较好的效果和经济效益。二是在企业经济学方面，20 世纪五六十年代，中国经济学界出现了孙冶方、顾准、卓炯等大胆探索商品经济（市场经济）的少数理论先驱，他们强调价值规律的作用，为企业内部进行经济核算提供了理论基础。

20 世纪 50 年代末到 60 年代初，为克服照抄照搬苏联管理方法的缺点，针对管理学存在的问题，结合国情，我国开始探索与建立社会主义企业管理模式，"鞍钢宪法"及《工业七十条》就是有代表性的体现。1961 年由马洪主持、中国科学院经济

研究所和有关大专院校的同志编写了 60 万字的《中国社会主义国营工业企业管理》，由人民出版社于 1964 年在内部出版发行，该书是中国社会主义企业管理学的奠基之作。中国人民大学等单位也编写了许多企业管理教材。这表明，经过探索，我国社会主义企业管理学的学科开始形成。另外，在此时期，大庆创造了"三老四严"经验，具有很大影响，体现了科学管理和精细管理的要求。"文革"期间，中国的经济和管理处于严重混乱状态，管理的重要性被否定，财经院校的管理学高等教育被迫取消。"文革"结束后两年里，遗留下来的政治、思想、组织和经济上的混乱还很严重，中国管理学的发展仍处于停滞阶段。进入 1978 年，各项工作逐步恢复，企业管理和管理学的发展也逐步得到重视。1978 年 3 月，全国科学大会通过的《1978~1985 年全国科学技术发展规划纲要（草案）》为中国管理学的发展破除了坚冰，该纲要将"技术经济和生产管理现代化的理论和方法的研究"列为第 107 项，新中国第一次在操作层面正式提出要推进管理学研究工作。

（2）恢复转型阶段。1979~1992 年，我国企业管理模式开始从计划经济下的生

产型转向市场经济下的生产经营型，学习国外管理学知识的重点从苏联转向美、日、欧等发达国家（地区），管理学在学科建设、学术研究、教育培训等方面都有很大发展，我国管理学进入全面"恢复转型"阶段。这一阶段管理学的发展始于对国外管理学知识的引进吸收。机械工业部1978年举办了第一个"质量月"活动，将全面质量管理（TQM）从美国、日本引入中国；1979年中美两国政府签署了培训中国企业管理人才的中美合作协定书，"中国工业科技管理大连培训中心"成为改革开放后首个引进国外现代管理教育的办学机构，培养了一大批企业管理实践和研究人才。20世纪80年代初，由马洪主编、中国社会科学出版社出版的《国外经济管理名著丛书》包括37本管理学名著，成为最早系统介绍国外管理思潮的系列著作，影响了一大批管理学者。1983年，袁宝华提出我国企业管理理论发展的16字方针："以我为主，博采众长，融合提炼，自成一家。"为建立有中国特色的管理理论和管理模式指明了方向。

这个时期一批管理学研究机构、期刊陆续涌现，一些重要文献对管理学发展起到了重要推动作用。1978年11月中国管理现代化研究会成立；1979年3月中国企业管理协会在北京成立；1980年中国管理科学研究会、中国数学会运筹学会、中国系统工程学会相继成立；1981年中国工业企业管理教育研究会成立（现为中国企业管理研究会）；1979年1月由中国社科院主管的我国第一本管理学学术刊物《经济管理》创刊；1979年蒋一苇《企业本位论》发表，为面向市场经济的中国企业和中国企业管理学奠定了基础；1985年国务院发展研究中心主管、主办的《管理世界》创刊。

这一时期也是中国管理学教育全面恢复和发展时期，在这一阶段管理学教育从"恢复元气"走向"生机勃勃"。1979年3月，国家经委举办企业管理培训干部研究班，这是新中国企业管理培训史上首次以国家层次命名的企业管理培训班，标志着企业管理培训的开始；1979年开始，一些大学和研究机构相继恢复管理学教育，开始了管理学专业的本科和研究生教育；从20世纪80年代开始，中国人民大学陆续出版了《中国工业企业管理学》系列教材，开始探索具有中国特色的社会主义工业企业管理学；1984年4月以后，教育部陆续批准清华大学、武汉大学等成立或恢复（经济）管理学院；1986年2月，国家自然科学基金委员会成立，并设置管理科学组；1990 年，MBA 教育获得国务院学位委员会批准，我国九所大学开始试办 MBA；1992 年 11 月，中国技术监督局颁布国家标准的《学科分类与代码》（GB/T1374592），管理学被列为一级学科。

与管理学研究和管理学教育发展相适应，这一时期企业也在不断尝试管理创新实践，尤其是应用现代化管理方法。1984 年初，国家经委推广 18 种在实践中应用效果较好、具有普遍推广价值的现代化管理方法，又称为现代化管理"18 法"，并确定了 20 家企业为全国第一批管理现代化试点企业，这对提高我国企业管理现代化水平具有重要意义。

（3）完善提高阶段。1993 年中共十四届三中全会以后，中国进入建立和完善社会主义市场经济体制的新时期，这也开启了中国管理学"完善提高"发展的新阶段。这一时期，社会主义市场经济体制逐步建立和完善，企业呼唤管理学为改善生产经营、提升竞争力提供指导；国有企业改革的推进要求管理学积极总结改革经验教训、探讨改革难题、研究改革方向；经济社会的发展要求政府管理做出相应调整，行政体制改革需要公共管理学的深入

探索；中国日益融入全球发展浪潮，管理实践者和研究者能够接触到更多国外先进管理实践和管理学研究前沿，提升了中国管理学的水平，也推动其在学习、吸收的基础上结合中国实际不断创新；文化教育事业的繁荣为管理学教育的发展、管理人才的培养和管理知识的传播做出了积极贡献。总体上这是一个管理学学科体系不断完善、研究水平不断提高的阶段。

在管理学学科建设方面，1997 年管理学被升格为一个大的门类。1999 年，公共管理专业硕士学位（MPA）被批准设立；2000 年 9 月，中国工程院正式成立了由 32 位首批院士组成的工程管理学部，诞生了我国首批工程管理院士；2002 年 8 月，国务院学位委员会批准 30 所高等院校开展 EMBA 教育；2003 年，管理科学与工程领域的新学位——项目管理工程硕士学位（MPM）设立。

在管理学研究方面，我国学者开始追踪国外管理学研究前沿，国际管理学权威期刊逐渐为国内学者所熟悉，随着互联网的快速发展，追踪最新研究动态的时滞性问题在技术上得以解决；大批中国管理学研究者前往国外著名大学交流、深造，参加国际学术交流会，一些国内组织开始组

织国际学术交流活动；中国管理学研究的规范性得以增强，实证研究方法受到重视，越来越多的管理学研究成果发表于国外顶级学术期刊。

这一时期的中国管理学发展仍表现出了中国特色。这不仅表现在管理学研究上不断创新，注重研究中国企业管理的特殊问题，还表现在管理实践创新方面，我国企业结合自己的情况，已创新了很多好的管理实践经验。自1990年开始的第一届，到2008年的第十五届，我国国家级企业管理现代化创新成果项目总数达到1200多项，其中海尔集团公司的《以"市场链"为纽带的业务流程再造》、邯郸钢铁有限责任公司的《模拟市场、成本否决为核心的集约经营》等创新成果都有很大的影响。

**2. 未来中国管理学发展的展望**

未来中国管理学发展应正确处理好管理研究方法的规范性与创新性、管理学科发展的科学性和艺术性、管理研究问题的国际化与本土化、管理理论与管理实践这四方面关系。

第一，在研究方法上要正确处理管理研究的规范性与创新性的关系，推进自主创新思维与科学研究规范相结合。我国管理学研究必须强调科学研究规范，突出科

学方法特色，这是一门学科走向成熟的标志，也是我国管理学走向国际的必然要求。但这并不意味着仅追求科学的形式、用大量的数学语言和实证研究的形式"包装"没有新意的研究观点，创新性才是管理研究最核心的要求。当前，中国管理学论文的整体质量还不高，存在两方面的突出问题：一方面，管理理论的框架停留在描述性和启发性的层面上，缺乏规范性的特性；另一方面，许多实证性研究全然不考虑特定的社会制度、价值体系和意识形态，一味照搬西方管理学的形式和方法，研究成果不具有实践意义。在中国管理学未来的发展中，既要立足区域特征和制度特点，又要辅以严谨的方法论支撑和大规模的经验研究，使中国管理学研究既在国际上受到认可，又具有强有力的解释问题和解决问题的能力。

第二，在学科发展上要正确处理管理学的科学性与艺术性的关系，形成既符合科学逻辑又注重实践应用的完善的学科体系。管理学是一门科学，也是一门艺术。这不仅要求管理学科发展按照科学的逻辑积累管理学知识，同时也要求管理学学科体系有利于管理知识指导实践、有利于转化为现实的管理生产力。因此，我国建立

自己的管理学科体系时，不仅要有自己的学科理论、科学方法和系统的知识体系，而且还要有利于管理知识的传授和交流，有利于应用指导管理实践。其中，管理学的案例库建设和案例教学十分重要。

第三，在研究选题上要正确处理国际化管理问题与本土化管理问题的关系，重点关注既具有我国现实意义又具有国际学术前沿性的重大课题。一方面，我国管理学研究要关注国际学术前沿，追随国外管理研究潮流和国际研究热点；另一方面，中国管理学还要更注重研究和解决中国的实际问题，关注我国本土化的重大管理问题的研究，分析我国管理科学化进程的规律，对中国企业管理实践和创新进行科学总结，积极探索，从而建立具有中国特色的管理科学理论和学科体系。

第四，在研究内容上要正确处理管理理论与管理实践的关系，注重从管理实践中归纳管理理论，同时致力于应用管理科学理论指导管理实践。管理学是一门学以致用的科学，管理学研究必须注重管理理论与管理实践的结合。进行管理研究，一方面要注重系统研究我国管理实践，提炼出相应的管理理论；另一方面要注重研究管理理论如何应用于管理实践。中国企业已创造了大量的管理经验，进行了大量的管理创新实践，这对于提升我国企业管理现代化、科学化水平发挥了巨大作用，但这些管理经验和管理创新实践在理论层面还有待提升，我国还没有具有中国特色的管理理论，这需要管理理论界与管理实践者密切配合。当前，我国管理理论研究者和管理实践者还缺少一个密切合作的有效平台，高校和研究机构与企业界合作的途径还较少，而且缺少制度化。另外，以推进管理理论与管理实践结合为职业的本土管理咨询业的发展还相对滞后。

## 四、企业管理理论新进展的洞察①

陈老师长期跟踪国内外最新企业管理理论进展，并做出前瞻性的判断，引领了

---

① 陈佳贵：《现代企业管理理论和实践的新发展》，《中国工业经济》1997 年第 4 期。

理论研究的趋势。在 20 世纪 90 年代末期，他对企业管理理论的新进展进行了梳理和总结。

**1. 企业经营管理思想的变化**

（1）对人的管理更加重视，提出了"人本管理"的新思想。随着科学技术的发展、人类文明程度的提高、民主化的普及，"人"在企业管理活动中的地位和作用进一步凸显。企业管理活动中"人性化"、"人本管理"的特色更加明显。这种管理要求理解人、尊重人、充分发挥人的主动性和积极性，并从情感管理、民主管理、自主管理、人才管理和文化管理等层面来展开企业管理的研究工作。

（2）对管理的整体性和系统性更加重视，提出了建立学习型组织。1990 年，美国麻省理工学院的彼得·圣吉（Peter M. Senge）教授出版了《第五项修炼——学习型组织的艺术与实务》一书，系统提出了学习型组织的理论，指出学习型组织就是通过不断学习来改革本身的组织，并提出了学习型组织的五项修炼技能，即锻炼系统思考能力、追求自我超越、改善心智模式、建立共同愿景、开展团队学习。在知识经济兴起的大背景下，我国企业应努力在企业内部创造一种学习的氛围，充分利用企业内部网强化知识在组织内的传播，利用有效的激励机制调动员工不断学习的积极性，为员工参与各种形式的学习和培训创造有利的条件。

（3）对生产经营系统和管理组织结构更加强调革命性的变更，提出了"企业再造"的新思路。"企业再造"是由美国麻省理工的迈克尔·哈默（Michael Hammer）教授首先提出的，强调在大变革的背景下，企业业务流程必须打破以往陈旧的流程框架，一切从头开始，进行重新设计，以达到绩效的飞跃。企业再造工程必须组成团队来进行，要使信息在各个部门充分运用。企业再造工程一旦推行，就会带来根本性的变化。

（4）对无形资产的管理更加重视，保护知识产权成了企业管理的主要内容之一。随着知识经济的到来，知识的地位和作用日益突出，并逐渐成为企业管理的重心所在。知识既可以转化为有形资产，同时还可以是无形资产，例如，专利权、非专利权、商标、秘密制作方法、技术诀窍、配方等。实际上，近年来无形资产管理，尤其是知识产权管理问题已经成为我国企业管理过程中不容回避的问题。其中，知识产权的授权、转让管理、知识产权管理的组织设计、模式选择等都将成为未来研究的主题。

（5）随着信息社会的到来，信息化成了企业和社会普遍追求的目标。信息革命的到来，互联网络的冲击，给企业管理带来的变化是革命性的。信息化的影响涉及企业生产、营销等管理活动方式以及经营管理职能、机制的变革，"柔性"、"虚拟"、"灵捷"、"集成"和"一体化"等将成为未来企业管理研究的特色，并渗透在企业管理的各个研究领域。

### 2. 管理方法的创新

面对全球化、信息化和技术的快速发展，企业管理学科的发展既处于这一环境变革当中，同时又是环境变革的产物。企业管理理论与方法的发展，更加呈现出多学科综合性的特点，心理学、社会学、运筹学、计算机等学科的研究成果不断融入企业管理学的发展中。同时，企业管理的研究对象也日益丰富，知识、顾客价值、心理契约等不断进入研究视野。我们不能对这些管理方法一一列举和解释，但是它们有一些基本特点：一是在新的管理方法中，决策管理占了很大比重；二是许多新方法都与计算机运用紧密结合在一起；三是解决综合性问题的方法增多了。

### 3. 管理手段的更新

企业管理手段的变化莫过于计算机在企业管理中的广泛应用。除了计算机机制在生产领域应用外，又把财务、供销和技术等带进来。一般来说，企业管理信息化建设遵循的轨迹是：企业运用信息技术，首先建立以生产控制为核心的自动化系统，其次建立企业内部的管理信息系统，最后建立基于互联网的电子商务系统。生产管理的自动化技术包括计算机辅助设计（CAD）、计算机辅助制造（CAM）、计算机集成制造系统（CIMS）、柔性制造系统（FMS）、物料需求计划（MRP）、制造资源计划（MRPⅡ）等。作为贯穿企业供、产、销各个阶段，面向整个供应链，涉及人、财、物管理的企业资源计划（ERP），是制造资源计划（MRPⅡ）突破企业内部资源管理的进一步发展，是企业提高综合管理能力的重要保证。

### 4. 管理组织结构的变化趋势

（1）金字塔型组织结构正在逐步被网络型组织结构取代。长期以来，企业都是按照职能设立管理部门，按照管理幅度划分管理层，形成了金字塔型的组织结构。这种组织结构越来越不适应信息社会的要求，减少管理层次和管理职能部门已经成为一种新的趋势，其结果是管理组织结构正在变"扁"、变"瘦"，综合性管理部门的地位和作用更加突出，网络型组织结构逐渐发展起来。

（2）由单一决策中心向多决策中心发展。以前，许多企业采用的是高度集中的单一决策中心，这种传统的单一决策中心的组织结构有许多弱点，包括：容易产生官僚主义和低效率；雇用大量人员及管理多层次，组织结构比较僵化；决策及信息主要从总部流向下属单位，容易脱离基层的实际需要；统一的控制产品和经营方式，容易脱离市场的实际需要；等等。目前，许多国外的大公司正在逐步将过去高度集中的单一决策中心组织改变为适合分散的多中心的决策组织。这种多中心的决策组织能够减少决策层次，使基层单位具有更大的自主权，能够充分发挥它们的积极性。

（3）公司组织结构形式的多样化发展。现代企业采取的组织结构形式并不是千篇一律的，而是朝着多样化的方向发展。事

业部制、超级事业部制、矩阵制、联邦制、多维结构被广泛使用。组织朝着多样化方向发展的原因是：第一，各企业的生产技术和业务范围千差万别；第二，企业产品销售方式和渠道不同；第三，采取的战略不同。

（4）强调公司组织结构的不断自我更新。现在更多的公司主张采取自我更新的方法，公司根据内部发展的需要和外部环境的变化及时对组织结构进行调整。使公司的组织结构能够适应内外部变化，并减少由于管理变化而引起的摩擦。

必须指出的是，有的管理思想、管理理论和方法还处于理论探索和试验阶段，是否可行，还需要经过实践检验。尤其是我国企业还处于深化改革、转变经营机制的阶段，困难较多，任务繁重。许多企业管理基础工作很差，它们的首要任务是完善和加强管理的基础工作。只有管理基础工作得到加强之后，才谈得上学习和采用新的先进的管理方法的问题。

（整理者：王钦）

# 论经济改革

陈老师的改革观，是他在不同时期形成的对关系我国改革事业的重大现实问题的看法与观点的集成。本文将陈老师有关改革问题的研究分为两个时间段的研究成果，分别结合相应文献予以内容节选和摘录，以便我们相对系统地理解陈老师的改革观。第一个时期是 20 世纪 80 年代至 21 世纪初，这一时期，陈老师形成了他对我国经济体制改革的基本性的和关键性问题的思想观点。这些观点虽然针对的是 20 年前我国改革实践中遇到的现实问题，但是，它们对于今天的改革实践仍然有启示和指导意义。第二个时期是过去十余年间，陈老师对我国已有改革实践进行总结的看法以及对我国深化经济体制改革面临的新形势、新问题而形成的观点。

## 第一个时期（一）：社会主义市场经济的目标模式①

20 世纪 90 年代，我国明确提出经济体制改革的目标是建立社会主义市场经济体制。这是我国经济发展历史上最重要的一项理论突破。随之而来的问题是，当今

---

① 本节内容主要摘自《试论中国社会主义市场经济的目标模式》，《中国工业经济》1993 年第 3 期。

世界上市场经济有一些不同的模式，中国的社会主义市场经济到底应当采取哪种模式，或者说更接近哪种模式。

模式选择，首先要解决如何对不同的市场经济模式进行分类的问题。我国长期以来，已习惯于按照所有制形式的不同来区分经济体制的不同类型。为解决对市场经济模式分类的问题，陈老师认为，需要借鉴和引入国外学者在比较经济制度分析方面的已有观点。国外许多学者认为，经济制度是由所有制形式和决策方式决定的。而且，越来越多的人认为，在上述两个决定因素中，后者更具有决定性意义。为此，许多研究比较经济体制的学者都按决策方式来划分经济体制的类型，并把市场经济划分为纯粹的市场经济或自由竞争的市场经济、有国家干预的市场经济、有国家计划的市场经济和市场社会主义。

纯粹的市场经济是资本主义发展初期的一种市场经济。这种经济模式已经不能反映现实经济的实际情况，所以它在标准的经济学教科书中，现在只是一个纯粹假设的抽象模式。

有国家干预的市场经济是一种成熟的市场经济制度。许多欧美国家都实行这种经济制度。它的主要特点是：①在经济生活中，出现了一些大的和特大的工业企业。少数大寡头垄断企业与高度集中的商业银行系统结合在一起，在国家的经济事务中起着决定性作用。②劳动力市场的组织紧紧地跟着工业的组织形式。强有力的工会组织，在决定工资水平和就业问题上，起着十分重要的作用。③某些产品的价值不完全由市场的自由竞争来决定。④政府成为经济生活中的一个重要主体。政府雇员在就业人数中的比重增加，政府购买产品和服务在国民生产总值中的比重上升，政府还拥有一些公营企业。⑤政府在经济管理中的作用加强。

有国家计划的市场经济是另一种成熟的市场经济类型。法国、日本、瑞典、挪威和荷兰等国实行这种制度。它几乎具有有国家干预的市场经济的所有特点，所不同的是，国家对经济有更多的干预。在这种体制下，市场机制对协调日常的决策仍然起着基本的和决定性的作用，但这种体制也内生了贯彻国家指导性计划所必需的信息结构和动力结构。

除上述三种类型外，西方学者把前南斯拉夫的经济制度也称为一种市场经济，它建立在企业自治和社会自治的基础上。

中国的市场经济到底应采取哪种模式

呢？很显然，我们不能采用第一种模式。前南斯拉夫的经济制度虽然也被称为一种市场经济模式，但它还不是一种成熟模式，仍然存在许多弊端，如政府缺乏强有力的宏观控制、企业缺乏自我约束和自我发展机制等，因此，它是一种低效率的机制，我们也不能以它为目标模式。有国家干预的市场经济虽然是一种成熟模式，但由于它比有国家计划的市场更接近纯粹的市场经济，因而它也存在着一些重大缺陷。实践也证明，实行这种市场经济制度的国家并没有很好地解决第二次世界大战以来存在的严重失业、通货膨胀和周期性经济危机等问题。正因为如此，在许多西方国家中，这种市场经济模式已丢失了作为国家目标的吸引方。一些发达的资本主义国家转而实行另一种有更多的（而不是更少的）政府干预和国家指导的市场经济体制。如法国、荷兰、日本、瑞典、比利时和意大利等国，它们都采用更多的国家干预和国家指导的方向发展，而且取得了成功。所以，中国的市场经济模式，就决策方式来说，只能向有国家计划的市场经济模式靠近。

一个国家的社会文化传统，也是促使这个国家选择市场经济模式的重要因素。

同样是资本主义国家，由于社会文化传统不同，它们选择的市场经济制度的类型也不一样。美国的社会文化传统是多元化和自由放任的，这使它选择了有比较弱的政府干预的市场经济制度；相反，几乎所有走上有国家计划的市场经济道路的国家，其社会文化传统都具有强烈的国家主义倾向或社会主义思潮。新中国走了社会主义道路，社会主义思想已经深深扎根于人民心中。我们在社会主义经济建设中积累了不少国家计划管理的经验，这是我们的宝贵财富，有的在新的市场经济条件下仍然是很有用的，我们绝不能全盘否定。这也决定了我国的市场经济模式应该向有国家计划的市场经济模式靠近。

需要强调的是，我国的市场经济模式虽然和某些西方国家实行的有国家计划的市场经济有许多相似之处，但是，由于我国的经济发展水平、社会文化传统和环境等主要因素的影响，它仍然会和这些国家的市场经济模式有所区别。从轮廓上讲，首先，我们的企业要成为真正的市场主体，这方面的难点在于国有企业。其次，市场经济的基本特征是市场机制成为资源配置的基本手段，政府要从完整高效的市场体系中退出来，让市场机制充分发挥作用。最后，政府必须在坚持政企分开原则的前提下，对经济保持强有力的调控，确保能对经济进行有效的调节。

## 第一个时期（二）：对社会主义市场经济秩序紊乱的成因和对策的思考①

我国经济体制改革的目标模式是建立社会主义市场经济。市场经济的运行，不仅要求有一个与其运行机制相适应的组织体制，而且要求有一种保证其机制充分起作用的经济秩序。没有这种经济秩序，或者这种经济秩序不严格，市场参与者、执法者和政府的行为就不会符合市场经济的规范，从而使市场经济的正常运行受到阻碍，市场经济的健康发展也会受到影响。市场经济在我国的迅速发展，打破了原来的计划经济秩序，迫切要求建立社会主义市场经济的新秩序，以使市场经济正常运行、巩固和发展。在这方面我们虽然做了一些工作，但是还远远不能适应市场经济发展的要求。市场秩序紊乱，不仅带来了许多社会问题，而且也败坏了市场经济的声誉。紊乱的市场秩序亟待治理。

造成市场经济秩序紊乱的首要原因是我国还处在由计划经济体制向市场经济体制转换的过渡时期，经济运行机制还是"多轨制"，计划经济的体制已经被打破，市场经济的体制还有待于建立和完善，在这样的特殊时期，有些经济活动还按计划经济的机制运行，有些经济活动已按市场经济的机制运行，还有一些经济活动既不是按计划经济的机制运行，也不按市场经济的机制运行。一些人钻这种"多轨制"的空子，就容易造成市场秩序的紊乱。

造成市场秩序紊乱的第二个原因是许多人还缺乏市场经济方面的基本知识。很多问题，除少数是明知故犯外，多数都是由于不具备有关知识而造成的。

造成市场经济秩序紊乱的第三个原因是受市场经济大潮的冲击，一些人思想产

---

① 本节内容主要摘自《加速建立社会主义市场经济新秩序》，《光明日报》1993 年 6 月 3 日。

生了变态。市场经济大潮的冲击，对人们产生的积极影响是主要的，这应该给予充分的肯定。在充分肯定它的积极影响的同时，也应该重视它带来的消极影响。在计划经济条件下，只讲产品，不讲商品，只讲奉献，不讲报酬，只讲国家、集体利益，不讲个人的经济利益，这些做法当然是不对的。但现在有些人又从一个极端走到了另一个极端。他们把不该引进市场交换领域的某些东西，如权力、地位、对社会应尽的义务、婚姻等也引进了市场交换领域，拜金主义也开始泛滥，这种思想上的变态对市场秩序有很大的影响。

造成市场经济秩序紊乱的第四个原因是法制不健全。我国市场经济发展很快，关于市场管理方面的法规远远不适应形势发展的要求。另外，我国小商品生产者为数众多。这些小商品生产者的思想文化素质较低、资金少、投机心态强，许多人不懂和不顾市场规则，只要能赚到钱，什么事情都敢干。他们规模小、数量多、流动性大，给市场管理也带来了很大困难。

面对上述问题，建立市场经济新秩序成为发展社会市场经济的一个既紧迫又艰巨的任务。当前，主要应抓好几项工作：首先，要深化改革。遇到旧体制中的一些深层次问题，要打攻坚战。比如，要有效解决权力进入市场、权钱交易、权权交易等问题。最根本的措施是坚定不移地继续沿着政企分开、两权分享的思路深化改革，割断政府和企业联系的脐带，彻底转变政府的职能。其次，对公民进行关于市场经济的教育。包括市场经济基本知识的教育、相配套的法制教育和思想品质、社会道德方面的教育。再次，进一步建立健全市场管理方面的法律法规。最后，应加强市场行政管理人员和执法人员的队伍建设。要结合政府机构改革，将一批文化水平高、管理能力强的干部充实到工商行政管理和经济执法机构中去。

# 第一个时期（三）：关于经济管理体制改革的若干意见[①]

我国是一个大国，如何处理"条条"（部门管理）和"块块"（地区管理）的关系，是体制改革中遇到的一大难题。过去，为加强中央的集中管理，我们曾把大批企业收到中央各工业部，实行过以"条条"为主的管理体制；为发挥地方的积极性，我们也曾把大批企业下放到各省地市，实行过以"块块"为主的管理体制。但实践证明，这两种管理体制都不成功。

后来发现，在旧的经济体制中，中心城市是条块分割最严重、各类矛盾最集中的焦点。于是，形成了一个思路，就是经济体制改革要从中心城市经济体制的综合改革上取得突破。这一改革，是以政府的工业管理部门实行政企分开和简政放权为前提的，部门从行政管理向行业管理转变，更充分地发挥城市的中心作用和多功能作用。搞活城市的改革是和增强企业活力这个改革的中心环节结合在一起的。把

企业搞活了，城市才能活起来。在城市改革中，要坚持全方位的对外开放，不仅要对国外开放，而且要对国内的外省、外市、外地区开放，要按照市场经济发展的客观要求，发展和加强企业之间、城市之间、地区之间的横向经济联系。不这样做，不仅达不到改革的目的，还会形成新的"块块"、新的地方分割。现在看来，城市改革的成效是显著的，但"条条"和"块块"分割的问题，还没有彻底解决。深化改革的难度越来越大。城市综合改革，作为一种局部的改革，仍然受国家宏观改革进程的制约。要把中心城市的改革引向深入，必须在宏观体制上进行重大改革。

在过去的经济建设中，还有一种指导思想，就是一个地区要建立自己独立的经济体系。在这种思想指导下，我国一些地区在发展地方经济时实行了一种"保护"

[①] 本节内容主要摘自《中心城市经济体制综合改革的成就与经验》，《经济管理》1987 年第 12 期；《经济管理机关也要"转轨""变型"》，《经济管理》1984 年第 10 期；《关于加强行业管理的探讨》，《中国工业经济学报》1985 年第 2 期；《略论地方"保护"政策》，《中国社会科学院研究生院学报》1981 年第 1 期。

政策，提高自给水平，减少对外地的依赖性。我们当时认为，这种政策是保护地方工业、促进地方经济发展的重要举措。现在看来恰恰相反，这种违背经济规律的行政办法，实际上阻碍了社会主义市场经济的发展，有意无意地肢解了社会主义的统一市场。这种保护政策，实质上是保护落后的政策，它保护了落后的自然经济，不利于社会化生产的分工协作；保护了落后的生产条件和管理方式，不利于采用新设备、新技术和科学管理；保护了落后的过时的产品，不利于产品的升级换代和发展新产品，应予以改革和废除。

从全国范围看，我国的行业管理职能需要加强。过去，我们的行业管理职能和企业主管部门的管理，在部门管理体制下是合二为一的。当时，人们只重视企业主管部门的管理，忽视了行业管理，致使行业管理工作薄弱，这是造成条块分割、领导多头、互相牵制、重复生产、重复建设等弊病的一个重要原因。对行业管理的概念和任务，我们应该有正确的认识。行业管理，是通过政府的行业管理部门和民间的行业组织对全行业的有关经济活动进行统筹、协调、监督，并为全行业提供各种服务，使本行业企业能在国家统筹指导下协调健康地发展。一个科学的行业管理系统，对国家的经济发展是非常重要的。而且，要注重培育对新兴行业和特别要鼓励发展的行业的有效服务的能力。

在经济管理体制改革的过程中，经济管理机构，也要转轨、变型。首先，主要管理职能要发生变化，要转变为协调、平衡、服务和监督。其次，管理重心也要发生变化，要从微观经济管理转向宏观经济管理、从对近期目标的指令性管理转向对中长期目标的指导性管理、从对生产总量的指挥管理转向对经济关系和经济效益的协调管理。最后，管理手段也要发生变化，从以行政命令为主转向以指导服务为主。切切实实实现经济管理机构的转轨和变型，首先必须简政放权。放权是简政的前提。过去，我们搞过多次精简机构的改革，不但没有达到预定的目标，反而适得其反，机构越精简越复杂，政越简越繁，人越减越多。造成这种状况的根本原因就在于没有把简政和放权结合起来，先放权，后简政。

## 第一个时期（四）：对国有经济改革发展的看法[①]

国有经济是中国社会主义制度赖以存在和发展的最重要的经济基础，是国家进行宏观调控、维护国家经济安全、保证国民经济持续快速健康发展的中坚力量。改革开放以来，尽管国有经济在国民经济中的比重有所降低，但是在国民经济中的基础和支柱地位并没有改变，国有经济总体实力进一步增强，在经济发展中继续发挥着主导作用。

面对多种所有制经济共同发展的新经济格局，要对国有经济起主导作用的方式进行重新认识。首先，国有经济的主导作用不仅表现在国有资产的总量上，而且表现在国有资产的配置结构上。国有资本主要应配置在关系国民经济命脉的重要行业和关键领域，包括基础设施、国防工业、基础性产业和支柱产业。其次，国有经济的主导作用不仅体现在纯国有企业上，而且还体现在它控股参股的企业上。再次，

国有经济的主导作用不仅体现在国有企业数量的多少，更要体现在企业的素质上。最后，国有经济的主导作用主要表现在发挥大型特大型国有企业的骨干作用和先导作用上。国有经济是否能有效发挥主导作用，从根本上说，取决于国有经济和国有企业自身的状况。因此，必须把国有经济调整好，把国有企业改革搞好，把国有企业建设好。

20 世纪末，国有经济运行暴露出大量的突出问题。一是因为国有经济的战线仍然太长、数量太多、力量分散，不少企业财务状况差、经营困难，超出了国家财政所能承受的程度。二是企业组织结构不合理，多数企业没有达到合理的经济规模，经济结构趋同化现象严重。三是国有资产利用率低，生产能力过剩。四是企业经济效益低。国有企业经营机制不灵活，竞争力弱，富余人员多，债务负担和社会负担

---

[①] 本节内容主要摘自《国有经济调整和国有企业改组》，《人民日报》1999 年 7 月 15 日；《论国有经济主导作用的实现》，《求是》1999 年第 21 期；《国有经济布局调整要与经济结构调整相结合》，《求是》2001 年第 4 期；《培育和发展具有核心竞争力的大公司和大企业集团》，《中国工业经济》2002 年第 2 期；《国有经济战略调整不会影响其主导作用》，《人民日报》2004 年 10 月 26 日。

重。不少企业亏损严重，加大了国家的财政负担和银行的金融风险，增加了社会的不稳定因素。解决上述问题的办法，就是对国有经济进行战略性调整和对国有企业进行战略性改组。调整改组的目的是优化国有资产的配置，提高国有经济的效益，使国有经济在社会主义市场经济中更好地发挥作用。

国有经济布局调整，首先要回答国有经济应在哪些领域发挥作用的问题。比较可行的办法是，应该以企业规模标准为主，兼顾企业的行业特点和产业性质来确定国有经济的范围。调整改组本身不是目的，而是手段。经历过调整改组而保留下来的国有企业，都应该能够适应市场环境，能够变得更加强大，更有生机与活力。另外，国有经济布局调整，要与经济结构调整相结合。在一定的经济发展阶段，不同的经济组织形式与产业结构之间，应该存在一种相互适应的关系。这两项改革，面临一些共同的任务，也都必须充分发挥市场机制的作用。因此，这是中国经济改革发展中两项十分重要的战略性任务，它们之间有密切的联系，必须把它们紧密结合起来，使它们相互协调、相互促进。国有经济调整和改组的过程，也是与非国有经济逐渐整合的过程。国有经济与非国有经济都是国民经济的重要组成部分。经过产权关系的重组和股份制改造，国有资本将被配置在多种形式的企业里，其中包括非国有企业。非国有经济的发展也有利于增加国家财力，有利于市场机制的完善和充分发挥作用，增加就业岗位，减轻国有企业的冗员负担，从而为国有经济的调整和重组创造良好的外部环境。

国有企业改革和国有经济战略调整的一项重要任务是，培育和发展具有核心竞争力的大公司和大企业集团。目前，中国大公司的数量还不多。中国工业企业的平均规模要比先进工业国家的企业小得多。中国企业的规模结构不够合理，企业组织集中度还不够高，大中小企业之间没有形成合理的分工与合作关系。这些问题说明，中国在未来相当长一段时期内仍然不能忽视发展大公司和大企业集团，要使它们成为国民经济的骨干，要建立和发展跨地区、跨部门、跨所有制和跨国经营的大企业集团及跨国公司，其中一些要向国际化方向发展。

# 第二个时期（一）：对我国改革经验特点的总结<sup>①</sup>

2008 年，恰逢我国改革开放 30 周年。借此机会，陈老师对我国改革的重要经验进行了相对全面的概括总结。他认为，我国的改革，在性质上，坚持了社会主义制度；在方向上，坚持市场取向；在目标模式上，选择建立社会主义市场经济体制；在方法上，坚持先易后难，逐步深化、渐进式推进；在部署实施上，坚持了求真务实，统筹兼顾，处理好若干重要关系；在改革的动力上，既依靠党和政府的领导，又尊重人民首创精神，充分发挥理论界作用。以上特点，正是我国改革取得巨大成就的根本经验所在。

在改革的性质上，坚持社会主义制度的自我完善和发展。我国从 1978 年开始的改革开放，是根据我国的基本国情进行的。它包含两重含义：一是我国已经建立起社会主义制度，我们必须坚持这个制度，走社会主义道路；二是我国尚处在社会主义初级阶段，社会主义制度还很不完善、很不成熟，改革开放就是巩固和发展社会主义制度的重大战略举措。因此，我国的改革开放是一场"新的伟大革命"，但不是要改变我国的社会主义制度，而是在中国共产党的领导下，通过改革开放实现社会主义制度的自我完善和发展。

在改革的总体部署上，坚持统筹兼顾，处理好若干重要关系。一是处理好农村改革和城市改革的关系。我国改革是从农村开始的，1978 年后，在农村迅速推广家庭联产承包责任制，极大地激发了广大农民种田的积极性，迅速解决了我国的粮食问题，并于 1993 年全面废除实行多年的票证制度。这是一个历史性的巨大变化。农村改革不仅为城市提供了充足的粮食和副食品，也为城市改革和发展提供了大量的原材料和富余劳动力。随后开展的城市改革，特别是工业的改革和发展，实现了我国工业化进程的快速推进。二是处理好利益调整和机制创新、制度创新的关系。改

---

① 本节内容主要摘自《我国改革开放的主要特点》，《人民日报》2008 年 11 月 17 日。

革初期，主要是进行利益调整，在不根本改变体制机制的情况下，调整国家、企业和个人的分配关系，激发广大群众对改革和发展的积极性。这样做，使改革能够很快见到成效，得到广大群众的支持和拥护，但这种扩权让利不可能使体制机制本身发生革命性变化，群众的积极性也不可能持久。随着改革的深入，改革必然发展到机制创新和制度创新阶段。三是处理好公有制企业改革和发展非公有制经济的关系。在所有制改革上，始终是同时从这两个方面推进的。四是处理好对内改革和对外开放的关系。我国的经济改革和发展，

为外来投资创造了良好环境，使我国在世界上一直处于引进外资的前列。开放一方面促进我们加快改革，使我国经济体制和管理办法逐步与国际接轨；另一方面使我国在制定国际规则方面的话语权得到增强，我国企业的国际竞争力得到提升。五是处理好改革、发展、稳定的关系。改革为发展提供强大动力。稳定是改革和发展的基本前提，要坚持稳中求进。如果社会动荡不安，那么改革很难进行，发展也不可能实现。因此，要把握好改革的力度、发展的速度和社会可以承受的程度之间的关系，使三者相互协调。

## 第二个时期（二）：对未来改革重大问题的思考[①]

前面二三十年的改革已经取得了重大的成就，不过，陈老师仍然在积极思考和探索我国改革发展中的新的重大战略问题。他认为，改革就是要抓紧研究解决一些具有全局和长远意义的重大问题。

一是加快经济结构的调整。我国经济结构不合理的矛盾越来越突出，已经成为

制约经济进一步发展的重要因素之一。对我国的经济结构进行调整、促进结构优化和产业升级，已成为当务之急，必须抓紧进行，否则在未来激烈的国际竞争中就会陷入被动的局面。要使我们的产业、产品、技术、企业和就业结构等朝着适应社会化大生产的方向发展，适应世界产业和

---

① 本节内容主要摘自《研究和解决改革与发展中的几个重大战略问题》，《光明日报》2008 年 5 月 2 日。

技术发展的要求。在调整结构的过程中要特别注意发挥市场对资源配置的基础性作用，切忌回到违背市场规律的老方式、老模式上。如果沿袭这类不科学的方法来进行结构调整，不仅已存在的不合理问题难以解决，而且还可能形成新的问题。[①]

二是提高技术创新能力。在全球市场竞争日趋激烈的情况下，要增强我国经济发展的后劲，提高抗御各种风险冲击的能力，保障我国经济的长远发展，必须依靠科技进步和创新，增强自主创新，实现技术发展的跨越。这要求我们完成两个方面的任务：一方面是用现代技术改造传统产业；另一方面是要发展高科技产业，努力占领科技制高点。技术进步和技术创新的主体是企业。要加速推进科技成果向现实生产力转化。科技竞争的关键是人才的竞争，要进一步树立和发扬尊重知识、尊重人才、崇尚创新的良好风尚，形成有利于科技进步技术创新的社会环境。

三是缩小收入差距。我们已经确立了以按劳分配为主体的多种分配形式的格局，但还存在一些突出问题：①社会的收入分配在一些地方和部门出现了向个人过分倾斜的倾向，造成了分配的不公平；②各级党政机关人员还存在大量的灰色收入；③对个私、外企以及其他高收入者的收入调节不力；④获得高额非法收入的现象在一些地方、部门、行业严重存在。此外，城乡之间、东西部之间收入差距也不可忽视。这些问题需要尽快加以解决；否则，这不仅是一个经济问题，而且会成为一个突出的政治问题、社会问题。根本的办法还是要适应发展社会主义市场经济的要求，引入竞争机制，通过积极促进发展来逐步解决问题。同时采取相应的政策措施，保护合法收入，调节过高的收入，取缔非法收入，注意增加低收入阶层和离退休人员的收入，防止收入分配上的过分悬殊，把广大干部群众的积极性充分调动起来。

四是促进区域经济协调发展。采取切实有效的政策措施，发挥各地区的优势和有利条件，促进地区经济的协调发展，这

---

① 在进入新世纪迎来中国重化工业加速发展的一个新景气周期中，陈老师特别关注了国有投资增长快而投资效益下降的现象和政府主导的行政投资扩张的现象。后来，他还撰文指出，深化改革，促进经济发展方式的转变，必须改革政府主导的投资驱动体制机制。参阅《当前我国固定资产投资存在的几个问题》，《中国社会科学院院报》2005年6月9日；《深化改革，规范政府投资资金来源和投资行为》，《中国社会科学院院报》2006年11月；《改革以投资驱动为主要特征的经济发展方式增强消费对经济的拉动力》，《经济体制改革》2012年第4期。

是全面实现现代化的必然要求，是实现共同富裕的必然要求。我国沿海地区经过20多年的改革开放，拥有了经济发展的实力，具备了经济发展的不少有利条件，应抓住机遇继续加快发展，有条件的地方要争取率先实现现代化。这有利于保证和增强国家的经济实力和财力。国家实力、财力不断增强，就可以更好地支持中西部地区的发展。中西部地区的发展，直接关系到扩大内需、促进经济增长，关系到民族围绕、社会稳定和边防巩固。要把国家对西部地区的支持同发挥市场机制的作用结合起来，把西部经济发展同促进社会进步结合起来。

五是重视生态环境保护。经济越发展，越要重视生态环境保护。这是关系到我国可持续发展的大事，关系到造福子孙后代的大事，要始终放在战略的高度认真对待，纠正"先发展，后治理"的错误做法，坚持经济发展和保护生态环境并重的方针。大城市是人口密集的地方，我国一些大城市的生态环境污染问题已经十分严重，一定要下决心对这些大城市的污染问题进行综合治理，并争取尽快见到成效，以提高大城市居民的生活质量，改善经济发展条件。

六是迎接经济全球化的挑战。经济全球化加强了国际经济联系，同时也加剧了国际竞争，既给各国的发展提供了新的条件，也不同程度地带来了风险。发达国家在经济全球化过程中明显占据优势，广大发展中国家由于发展水平低，利用机遇和防范风险的能力较弱，相对处于不利地位。如果策略不当，其经济就会面临风险和冲击。因此，面对经济全球化，我们既要积极参与，又要善于保护自己，努力把不利因素变为有利因素。要大力发展一批跨地区、跨行业、跨所有制和跨国经营的大企业集团，充分发挥它们在参与国际竞争中的重要作用。要把提高广大企业的素质和竞争力，放在突出的重要位置。

七是维护国家的金融安全和经济安全。亚洲金融危机警示我们，经济越开放越要注意维护国家的金融安全和经济安全。要认真研究在进一步开放的新形势下维护国家金融安全和经济安全的措施和办法。

## 第二个时期（三）：关于深化经济体制改革有关问题的思考[①]

2012 年，陈老师担任了"深化经济体制改革研究课题"调研组组长，赴广东、安徽和浙江进行了调研。调研组认为，今后五至十年，我国深化经济体制的目标和主要任务是建设成熟的社会主义市场经济体制。这是此项研究的核心判断，也成为此项研究成果的总标题。陈老师将这一时期针对深化经济体制改革问题的基本认识概括成了以下三方面的内容：

第一，中国已进入建设成熟的社会主义市场经济体制新阶段。所谓成熟的社会主义市场经济体制，其标志将主要体现在七个方面：一是社会主义基本经济制度定型，微观基础充满活力；二是现代市场体系形成，市场在资源配置中的基础性作用充分发挥；三是具有完备的与社会主义市场经济相适应的法律体系，以法治为基础的市场经济制度形成；四是政府与市场的边界清晰，服务型政府形成；五是利益分配格局和社会福利制度充分体现社会公平

和正义；六是建成和谐的公民社会；七是改革和开放相互协调、相互促进的新格局形成。为强化顶层推动，推进改革的协调配套，建议设置高层次、跨部门、利益相对超脱的统揽改革全局的机构。

第二，加快政府行政管理体制改革是建设成熟的社会主义市场经济体制的关键。未来建设成熟的社会主义市场经济体制，要在企业—市场—政府的关系中实现协调与平衡。从当前整个经济体制改革的进程看，企业和市场这两个环节的改革已经取得了比较大的进展，而行政管理体制改革明显滞后，是最大的"短板"。由于它的滞后和牵制，很多关键领域和重要环节的改革陷入胶着状态，有的甚至处于"不进而退"的状态。这就需要尽快寻求行政管理体制改革的突破性进展。行政管理体制改革应与政府职能转变相结合。政府一切行政活动的终极目标是以最小的负担，让居民获取最大的福祉，即税负和公

---

① 本节内容主要摘自《深化经济体制改革建设成熟的市场经济》，该文是经济管理出版社 2012 年出版的《建设成熟的市场经济体制》一书的序言。

共服务的最佳组合。政府需要从一个无所不包的系统逐步变为一个有限并有效地提供公共服务的系统，让市场、社会机制在资源配置和社会有序化方面发挥更多的主导作用。

第三，建设成熟的社会主义市场经济体制，需推进重点领域、关键环节的改革。一是要继续对国有经济布局进行战略性调整，深化国有企业改革。要探索建立新型国有企业制度，在全民所有的实现方式上，很好地体现民有民享的性质，使全体人民更切实地、直接地分享国有企业发展成果。二是要继续大力发展个体私营经济。具体包括进一步明确个体私营经济的社会属性和发展定位，进一步为个体私营经济大力发展创造条件，进一步提升个体私营经济的整体素质。三是要建立健全公共财政制度。四是要全面推动金融改革、开放与发展。坚持金融服务实体经济的本质要求，构建多层次、多样化、适度竞争的金融服务体系，为经济社会发展提供更多优质金融服务。

（整理者：余菁）

## 论区域经济发展

陈老师在他的学术生涯中比较早地关注到了中国区域发展的问题。他在读研究生期间，就与张厚义合作发表了《略论地方"保护"政策》（《中国社会科学院研究生院学报》1981年第1期），文章指出："保护"政策，保护了落后的自然经济，不利于社会化生产的分工协作，不利于充分发挥各个地方的优势；"保护"政策，保护了落后的生产条件和管理方式，不利于采用新设备、新技术和科学的管理方式；"保护"政策，保护了落后的过时的产品，不利于产品的升级换代和发展新产品。这种"保护"政策的出现，是有其历史和现实原因的。我国的社会主义经济不是建立在发达的资本主义商品经济基础上，而是在极其落后的半殖民地半封建的小农经济基础上发展起来的，这就造成了商品经济的先天不足。新中国成立以来的30年，由于我们对社会主义经济形态在理论上有误解，对发展商品经济认识不足，在管理体制和一些具体经济政策上存在一些弊病，在工作上犯了一些错误，造成了社会主义商品经济发展的后天不良。这些认识，在当时是难能可贵的。

不过，陈老师真正开始比较系统地研究区域协调发展问题是在1999年我国正式提出西部大开发战略之后，更多是由于工作需要使他将研究领域拓展至区域发展问题上。陈老师的研究兴趣涉及推进城乡一体化建设统筹城乡发展、促进区域协调发展、实施西部大开发战略、振兴东北等老工业基地等大区域范畴，更将研究视野深入到诸如建设环北部湾经济区、长江中游经济区、海峡西岸经济区、浙江经验等次一级区域发展问题之中。其中，陈老师提出西部开发的区位重点就是要开发"一江"、"一桥"和"一个出海口"，与近年来习近平总书记提出的"一带一路"（"丝绸之路经济带"和"21世纪海上丝绸之路"）统筹国内外发展开放战略高度吻合；有的建议如建设环北部湾经济区的建议是超前的，后来被国家采纳而转为现实，具有巨大的现实意义。

## 关于推进城乡一体化建设统筹城乡发展

陈老师的研究表明，从"十五"开始我国经济社会就已进入以工促农、以城带乡的发展新阶段。依据有：一是进入21世纪后，我国工业化、城市化的步伐明显加快；二是国家财政收入增加很快，财政规模迅速扩大；三是财政支农资金快速增长，规模扩大；四是全面取消了农业税；五是提出了建设社会主义新农村的构想，农村基础设施建设和社会文化事业发展加快。正因为如此，中共十六届四中全会强调我国总体上已进入工业反哺农业、城市支持农村的发展阶段，适时提出了推进城乡一体化建设、统筹城乡发展的要求。

但我们也应看到，由于我国经济社会发展不平衡，各地推行城乡一体化建设的条件是存在差异的。对那些已经进入工业化后期或已经实现了工业化，且城市化率达到50%以上的地区来说，它们已经具备了实现城乡一体化建设的条件，应该一方面促进产业结构的升级，另一方面加快推进城乡一体化建设；对于那些还处于工业化初期和中期阶段，且城市化率还在40%以下的地区来说，它们面临的主要任务仍然是加快工业化和城市化的步伐，同时选择一些具备条件的城市进行城乡一体化的试点，待条件成熟以后再全面推进城乡一体化的工作。

陈老师认为，推进城乡一体化建设必须解决好以下六个关键问题：①公共财政均等化问题。近些年，国家加大了对"三农"的投入，这是应该肯定的，但是，与对城市的投入相比，差距还很大。同时，这几年财政对"三农"投入的绝对额虽然在扩大，但是增长率还低于财政的增长速度。此外，这些年来，国家对农业基础设施投入还很不够，许多水利设施年久失修，对农村社会事业特别是社会保障的投入也很不够，城乡收入差距、城乡生活环境差距还很大。②户籍制度改革问题。这始终是困扰城乡一体化建设的一大难题。不仅 1 亿多到城里务工的农民工的身份问题没有得到解决，就连从农村出来的大专毕业生，如果他们在城里找不到工作或已经就业而没有找到落户的单位，户口也还要转回农村。由于城乡户口有严格区分，农村户口的居民在教育、就业、工资待遇等方面受到诸多限制。中央对户籍改革虽然也有一些要求，但由于这是一个综合性问题，仅靠某个部门、地方的努力是很难推进的，必须有统一部署，进行综合配套改革。③土地制度改革问题。法律虽然规定农村土地属于集体所有，并承包给农民长期经营使用，但在实际工作中土地所有权和经营权很难落实。不少地方政府侵犯农民利益，低价征收农村土地，转手卖给开发商，获得了大量的土地基金，大部分用于大中城市的建设。过去政府是靠"剪刀差"积累资金搞城市建设，现在不少地方政府是靠征收农村土地搞城市建设。④城乡社会保障全覆盖问题。改革开放以来，我国农村原有的社会保障体系解体了，新的社会保障体系长期未建立起来。近几年，中央开始重视新型农村社会保障体系的建设，"新农保"开始在部分地区试行，但是覆盖面还比较窄，保障水平比较低，国家对农村社会保障体系建设的投入还很少。在城市务工的农民工不少也还没有参保，参保人的养老保险也还不能正常流转。⑤城乡劳动力统一市场形成问题。由于户籍的限制，我国的劳动力市场实际上是分割的，形成了城市和农村两个劳动力市场，就业结构很不合理。从产值结构看，2008 年，我国第一、第二、第三产业的产值结构为 11.3∶48.6∶40.1；而就业结构却为 40.0∶26.8∶32.4。发达国家产值结构和就业结构基本上是同步变化、大体协调的。由于户籍制度的障碍和劳动力市场的分割，我国不少产业的工人都是以农民工为主体，这是世界上绝无仅有的。由于城乡劳动力市场的分割，农民工很难获得与城市户籍工人相同的待遇。⑥加快中小城镇建设问题。随着我国工业化和城市化进程的加快，还会有数量巨大的农村人口转移到城市来。由于大中城市和小城镇的承载力有限，多数转移出来的农村人口将聚集在中小城市特别是小城镇，而国家对中小城市和小城镇建设投入不足，产业集聚效果差。因此，如果不解决中小城市和小城镇的产业发展和居住环境问题，要想把农村转移出来的农村人口稳定在这些地方定居非常困难。

陈老师强调，应在新型工业化进程中统筹城乡发展。我国国情和时代特点决定了我们既不能走西方国家的传统工业化道路，也不能走计划经济时代的工业化道路，而要走新型工业化道路。走新型工业化道路，需要处理好工业化和信息化、工业化和现代化、工业化和城市化、工业化和扩大就业、工业化和推进市场化改革、工业化和生态环境保护、我国的工业化和经济全球化等关系。其中，如何统筹城乡经济社会发展，是需要我们着重研究和解决的一个重大问题。①统筹处理好农村工业化和农业产业化、机械化的关系。大力发展乡镇企业，是加速农村工业化的必然选择。乡镇企业的发展，促进了大批农村劳动力向非农产业转移，促进了大批小城镇的产生和发展，为农村工业化开辟了广阔道路。要促进乡镇企业的改组、改制和技术进步，提高素质，鼓励乡镇企业把自身的发展与农业产业化相结合，把农产品加工业作为主营领域，通过发展农产品的深加工带动农业产业化的发展和升级。要稳步推进农业机械化进程，不仅使农民从生活上享受到工业化带来的成果，而且彻底改变农业的生产方式，减轻农民的劳动强度，提高劳动生产率。②统筹处理好城乡就业的关系。解决就业问题是我们长期面临的艰巨任务。在工业化过程中，要统筹考虑城市就业问题和农村富余劳动力转移问题，消除农民进城务工的各种歧视性政策。在大力发展高新技术产业，不断进行技术创新，用新技术、新设备、新工艺对传统产业进行改造的同时，还应重视增加就业岗位；在鼓励知识密集的高新技术产业、资金技术密集的重化工业和装备制造业等产业发展，促进工业结构高级化，提升工业现代化水平的同时，还应鼓励劳动密集型产业的发展，充分发挥我国劳动力资源丰富、劳动力成本低的比较优势，扩大出口和增加就业岗位。在对产业结构进行调整时，应努力发展第三产业。在重视发展大企业和大企业集团的同时，应鼓励中小企业的发展，特别是乡镇企业的发展。③统筹处理好发展大中城市和发展小城镇的关系。我国正处在工业化的中期阶段。随着工业化的发展，城市化进程会不断加快，将有更多的农业人口转移到城市。提高城市化水平有三种主要途径：一是随着工业化的展开，农村人口不断向现有城市转移，特别是向大型和特大型城市集中；二是在工业化过程中逐渐形成一些新的大中型城市；三是形成大批新的小城市，吸纳大批从农村转移出来的人口。西方国家主要是通过前两种途径实现城市化的。毫无疑问，随着工业化水平的提高，我国还会有不少农村人口向特大型、大型和中等城市转移。但我国农村人口众多，不可能都集中在大中城市。而我国小企业特别是乡镇企业发达，它们多数聚集在小城镇，吸收了大批农村劳动力，这些职工与土地还保持着不同程度的联系。因此，我国不应走西方国家传统的城市化道路，而要把城市化的重点放在发展小城镇上，走出一条具有中国特色的城镇化道路。④统筹处理好城乡社会发展的关系。应加大对农村教育、文化、卫生、社会救济等方面的投资，鼓励、支持农村社会保障事业的发展，逐步缩小城乡社会发展方面的差距。⑤统筹处理好城乡经济发展和生态环境保护的关系。无论是城市还是农村的经济发展都不能以牺牲环境为代价。必须坚定不移地实施可持续发展战略，在治理城市环境污染的同时，重视农村生态环境的保护、修复和重建，加速实施天然林保护工程、野生动植物保护和自然保护区建设工程，加大退耕还林、沙漠治理的投资，加快防护林体系建设和生态农业建设的步伐，防止水资源污染和土地资源、矿产资源等的滥用和浪费。

## 关于区域协调发展

中共十六届三中全会把统筹区域发展作为完善我国社会主义市场经济体制的一项基本要求，这对于解决我国东西部、东中部发展不平衡问题具有重要意义。陈老师在中国社会科学院重大课题"中国工业现代化问题研究"的研究成果中，比较系统地阐述了他的区域协调发展的观点，突出表现在工业区域分布优化问题研究。

工业区域分布优化是我国工业现代化与全面建设小康社会目标协调发展的必然

要求。合理的工业区域分布有助于提高我国工业资源合理有效利用水平，有利于各区域工业协调发展，有利于实现工业现代化所提出的结构高级化和发展持续化目标。由于不同地区在制度创新、基础设施建设、自然及经济条件等方面的差异以及国家对不同地区的政策倾斜，使得现阶段我国工业区域分布不合理，东、中、西部地区工业发展呈现出较大的落差，一些老工业基地面临着较大的发展压力。缩小地区之间工业发展的差距，促进地区之间的专业化协作，实现各地区工业的结构升级和可持续发展，成为推进工业现代化进程的关键任务。

促进工业区域分布优化，需要在充分发挥比较优势的基础上，不同地区的工业发展应突出重点，合理定位，以打造自己的竞争优势。东部地区应以率先实现工业现代化为重点努力方向，努力缩小与工业发达国家的差距，为其他地区的工业发展和工业现代化作出表率；中部地区应积极推进工业化中期发展阶段的进程，西部地区应尽快完成工业化初级发展阶段的进程，同时，中西部地区应依托中心城市或主要经济带构建一批现代化水平较高的工业增长极；老工业基地应成为工业现代化的重要技术装备基地，其中，基础条件较好、历史包袱较轻的老工业基地应在我国工业现代化建设的过程中发挥模范带头作用。

为实现我国工业区域分布的优化，有效推进我国工业现代化的进程，应对中西部欠发达地区及各区域内的老工业基地实施适度倾斜的政策。这些政策具体包括：所有制结构调整的重心向欠发达地区及老工业基地转移；加快欠发达地区及老工业基地市场体系的建设步伐；加大对欠发达地区及老工业基地的财政金融支持力度；加强欠发达地区及老工业基地的软件环境建设，积极吸引区外及外商投资；支持欠发达地区及老工业基地实施产业结构调整；加快欠发达地区及老工业基地的城镇化进程。

# 关于西部大开发

西部大开发是陈老师在区域发展方面最早涉及的一个领域，也是研究成果最多的一个领域。陈老师提出西部开发的区域和区位重点就是要开发"一江"、"一桥"和"一个出海口"，与近年来习近平总书记提出的"一带一路"（"丝绸之路经济带"和"21世纪海上丝绸之路"）统筹国内外发展开放战略高度吻合。

中国的西部地区包括西北的陕西、甘肃、青海、宁夏、新疆和西南的四川、重庆、云南、贵州、西藏，加上广西和内蒙古，共12个省（市、自治区），面积约660万平方公里，占中国国土面积的68.7%；人口35187万，占中国总人口的28.5%。实施西部大开发战略，是邓小平同志关于中国现代化建设战略思想的重要组成部分。早在1988年，邓小平同志就曾指出："沿海地区要加快对外开放，使这个拥有两亿人口的广大地带较快地先发展起来，从而带动内地更好地发展，这是一个事关大局的问题。内地要顾全这个大局。反过来，发展到一定的时候，又要求沿海拿出更多力量来帮助内地发展，这也是个大局。那时沿海也要服从这个大局。"西部大开发的战略决策是在1999年的中央经济工作会议上做出的，有其深刻的历史背景。突出表现在以下几个方面：一是东西部经济社会发展差距扩大；二是扩大内需的要求；三是促进各民族团结的需要；四是对外开放的必然趋势。此外，经过50年的建设，特别是经过20年的改革开放，国家的综合国力增强，人民生活接近小康水平，国家有能力加大对西部的投入力度，实施西部大开发的基本条件已经具备。

与东部大发展相比较，西部大开发面临体制背景不同、区位优势不同、市场情况不同、国际环境不同等重大变化，由此决定西部大开发要有新思路，即从追求优惠政策转变为主要依靠市场、从以政府行为为主转变为主要运用市场机制、从资源导向型转变为市场导向型、从注重地区比较优势转变为培育企业竞争优势、从数量扩张转变为素质提高、从主要从事资源开采业转变为第一、第二、第三产业协调发展、从主要依靠国有经济转变为大力发展非国有经济、从主要依靠外部援助转变为激发内部活力为主、从单纯重视经济增长转变为经济社会环境的协调发展。

实施西部大开发是一项长期而又十分艰巨的任务。在"十五"计划期间，由于国家财力的限制以及西部各地区情况千差万别，国家对西部地区的支持，不可能采取"撒胡椒面"的方式，西部各地区也不能一哄而起，而应该实行区别对待、有所侧重的发展战略。

西部开发的区域和区位重点就是要开发"一江"、"一桥"和"一个出海口"。"一江"就是要沿长江水道进行开发，形成发达的长江经济带。长江经济带主要指东起上海、西至四川攀枝花，其宽度为垂直于长江 100~200 千米的地带。振兴长江经济带特别是开发长江上游的经济，是中国"十五"计划必须重点考虑的战略问题。西部地区沿长江区域开发开放，有利于将中国改革开放事业引向纵深，增强综合国力；有利于发挥上海、武汉和重庆中心城市的强大经济辐射作用，带动沿江经济发展；有利于吸引外资，弥补建设资金的不足。且长江上游是目前中国西部地区经济较发达的区域，基础条件较好，以此

为重点，可使西部开发见效快，有利于增强西部开发的信心，也有利于为西部开发积累成功的经验。"一桥"是指亚欧大陆桥，它是东起太平洋西岸的中国连云港，经陇海—兰新线横穿亚欧大陆腹地，直达大西洋东岸的荷兰鹿特丹港的国际铁路线通道，穿越 30 多个国家，全长 1 万多千米，在中国境内长 4131 千米，在西部地区总长 3300 千米，连接中国的苏、鲁、皖、豫、晋、陕、甘、宁、青、新 10 个省区的 80 多个地（市、州），500 多个县、市，面积约 360 万平方千米。亚欧大陆桥的开通将为西北地区走向西亚、中东和欧洲，走向世界市场提供现实可能性，预示着长期的发展前景，可为古"丝绸之路"的复兴奠定基础。西部沿亚欧大陆桥（在中国主要为垂直于陇海—兰新铁路线及其 100~200 千米范围的区域）的开发开放，有利于带动整个西北地区的发展，应该是西部大开发的又一个战略区域。在空间上亚欧大陆桥使西北地区形成了较为有利的经济开发地带，使西北地区主要向东南单一开放变为东西双向开放。从国际周边区域看，亚欧大陆桥地理位置适中，气候适宜，运距较短，连通的港口无冰封期，可四季作业，与途经西伯利亚的第一座亚欧

大陆桥相比缩短运输距离 2000 千米，在运期、安全、准确、运输成本等方面有明显的优势。估计它比通过印度洋和苏伊士运河的海路近 5000 海里，运期缩短 1/2，运费节省 20%。亚欧大陆桥的开发将对亚太沿岸各国有较强的吸引力，将吸引日本、朝鲜、韩国、中国香港、菲律宾、新加坡、中国台湾等国家和地区原由海上或西伯利亚大陆桥运往欧洲、西亚及中东的相当部分集装箱货物向亚欧大陆桥分流。在中国境内的大陆桥，将吸引沿线各省、市、自治区的广大地区，范围约占全国面积的 50%。在亚欧大陆桥西段，其辐射范围是整个欧洲大陆和伊朗及中东各国。亚欧大陆桥辐射范围如此之广，给地处大陆桥中的西北地区经济贸易提供了广阔合作区域和可能的后续力量，将对西北地区经济发展产生深远的影响。"一个出海口"是指西南出海通道。要围绕打通西南出海口促进贵昆南经济带的形成。贵州、云南资源丰富，但受交通比较落后、没有出海通道等因素的影响，经济发展远远落后于东部地区和中部地区；广西背靠大西南、面向东南亚，是西南地区的出海大通道。经过多年的规划和建设，目前大通道的雏形已经形成。沿着这一大通道进行重点开发，可以形成贵昆南经济带。

西部开发需要大量投资，但要使投资取得较好的效果，必须突出重点：一是加强基础设施建设，包括加强交通、大型水利工程、电网和能源基地、通信网和广播电视、城市基础设施等基础设施建设；二是促进高新技术产业发展；三是加强生态环境保护和建设；四是加快科技与教育的发展。

开发西部离不开政策的支持，同样要突出政策重点：一是加大中央财政转移支付的力度；二是吸引外来投资的政策；三是促进非公有制经济发展的政策；四是人才政策；五是国家要加大对西部地区的教育投入，还要允许和鼓励民间集资办学。

西部大开发是一项复杂的系统工程，需要加强领导、统一规划、分步实施。要特别注意处理好以下几个方面的关系：①开发与生态环境保护的关系。西部地区居长江、黄河、珠江等大江大河的上游，是国家生态屏障之所在。开发和生态环境保护存在着矛盾。再不能以破坏生态环境为代价来换取经济的发展。因此，西部大开发的"开发"不是单纯地指经济增长，而是要实现经济社会环境的协调发展，也就是走可持续发展道路。要把生态环境保护作为开发的重要内容。为保护中国西部水资源和防止环境污染，要坚决禁止砍伐天然林，大力实施长江、黄河上中游天然林保护工程；要坚决禁止毁林毁草开荒；对坡耕地要有计划、有步骤地退耕还林还草；对荒漠化严重的地区要加快恢复植被。要把以粮换林、换草与扶贫工作结合起来，这既是改善贫困地区生态环境和生产生活条件的有效方法，又是脱贫致富的有效途径。②政府支持与发挥市场机制的关系。实施西部大开发战略，当然需要政府支持，特别是中央政府的支持，但是不能再沿用传统经济体制下的发展模式，必须尊重客观经济规律，注重充分发挥市场机制的作用。过去国家对西部的投入并不少，但是西部的经济并没有很好地发展起来，究其原因，在很大程度上是因为过去的投资主要是政府行为，是政府在推动工业化，缺乏市场机制和多元化的社会民间资本。今后西部地区的经济发展和工业化的推进，必须转变思路，从主要是政府推动，转变到主要依靠市场机制，要使市场在资源配置中发挥基础作用。对西部地区来讲，要改变过去那种"等、靠、要"的依赖思想，通过培育资本市场，吸引各种社会民间资本尤其是东部和外商投资，来参与地区工业化；对中央政府来说，在支持西部地区基础设施建设、发展教育、保护生态环境的同时，要制定相应的投资诱导政策，吸引国内外各种资本参与西部地区的开发。而各个具体的生产项目则主要依靠社会民间资本。即使是一些公共基础设施项目如公路、桥梁等，政府也没有必要大包大揽，也要广泛吸收各种民间资本参与。③开发自然资源与开发人力资源的关系。西部地区是中国的自然资源富集区，石油、天然气、各种矿产、土地、水利等资源一直是西部经济发展的特有优势，但是长期以来这种优势并没有得到充分发挥，资源优势未能转变成经济优势。相反，东部沿海地区缺乏自然资源优势，但是它具备人才等优势，经济却取得了高速发展。这说明，一个地区的发展，仅有自然资源优势是不够的，还必须形成别的优势，特别是人力资源优势。而西部地区丰富的自然资源和短缺的人才资源形成了强烈的反差。据统计，目前西部地区人才总量明显不足，而且现有队伍不稳定。西部地区每万名劳动者中，中专以上学历及初级以上职称人员仅 92 人，还不到东部地区的 1/10。从长期看，这些地区人才缺乏是发挥资源优势的最大制约因素。因此，必须重视对人才的培养和使用。要改变过去见物不见人的开发模式，真正把人才使用、人才开发、人才引进作为一项重要工作来抓。④发展公有经济与发展民营经济的关系。从东部和西部地区经济比较来看，东部地区国有经济比重小，个体私营、三资企业和乡镇企业等非国有经济比重大。而西部地区则相反，国有经济至今仍占绝对统治地位，非国有经济比重很小。从整体看，西部地区非国有经济在其经济总量中至今还不足50%，而青海、新疆两省（区）甚至不足25%。据统计，20

世纪90年代以来，东部沿海地区每年乡镇企业的产出占当地国内生产总值的份额都在70%以上，而西部地区乡镇企业的产出占当地国内生产总值的份额却在30%以下。因此，乡镇企业在不同区域的发展差异日益成为影响地区经济差距的一个主要方面。西部和东部的经济差距主要不是表现在国有企业这一块，而是表现在非国有企业这一块。因此，加快西部地区经济发展，关键是要加快乡镇企业等非国有经济的发展。

## 关于振兴东北等老工业基地

东北地区是我国近代工业起步较早的地区之一，经过新中国成立以后特别是"一五"、"二五"时期的大规模经济建设，已基本形成了以钢铁、机械、能源、汽车、造船等重工业为主体的工业基地，奠定了中国工业化的基础，被誉为新中国的"工业摇篮"。东北老工业基地在全国经济发展中起着十分重要的作用，为国家的改革开放和现代化建设做出了历史性的重大贡献。然而改革开放以来，尤其是实行社

会主义市场经济以来，由于体制性和结构性矛盾日趋明显，企业设备老化，竞争力下降，就业矛盾突出，资源性城市主导产业衰退，东北老工业基地的经济发展遇到了前所未有的困难，与沿海发达地区的差距在不断扩大。改革开放初期，辽宁的GDP是广东的2倍，而现在广东是辽宁的2倍；1980年黑龙江的GDP与东部六省市的平均值相当，现在则不足50%，人均GDP仅是上海的1/4。因此，东北老工业

基地的改造和振兴，已经成为事关能否全面迅速推进中国工业化和现代化进程的重大战略问题。为了改变这种状况，继西部大开发之后，中央又作出了振兴东北地区等老工业基地的重大战略决策。这对于充分发挥东北地区等老工业基地的巨大潜力，统筹区域经济协调发展，构造中国经济新的增长极和全面建设小康社会具有重大的意义。

从世界范围看，一般老工业基地的主要问题是资源枯竭，或者是由于技术进步和社会发展造成老工业基地的整个产业的衰退，这需要对老工业基地进行整体现代化改造和培育全新的后续接替产业。但对于处于向市场经济转轨时期的我国而言，东北地区的老工业基地问题的关键并不在此。虽然东北地区一些资源型老工业基地也存在资源（如煤矿、森林）濒临枯竭、必须全面转产的问题。例如：鹤岗、鸡西、双鸭山、七台河等煤炭基地已经面临煤炭资源枯竭或大量关井的局面；我国最大的森林工业基地伊春，16 个林业局中已经有 12 个无木可采。但是，我国正处于高速工业化时期，东北老工业基地的原材料与装备工业等主导产品，如钢、生铁、纯碱、烧碱、变压器、原煤、原油、电、

水泥、平板玻璃等，在全国的地位相对下降，其原因并不是由于市场需求总量下降，而是由于技术水平没有随着市场总体环境的变化而得到相应的提升，造成产业竞争能力下降、市场份额逐步萎缩。也就是说，从东北工业的整体发展看，东北工业的主导产业并不属于"衰退产业"，而主要是由于东北地区工业产品普遍缺乏竞争力，无法有效满足市场的需求，从而导致东北工业整体发展缓慢。而造成东北地区工业竞争力低下的主要根源就是东北地区市场化进程的相对滞后。实际上，东北地区受传统计划体制影响大，市场化进程和对外开放步伐缓慢，国有经济比重过高，民营经济发展不足，市场化水平较低，这使得东北地区工业发展不能适应整个市场经济体制的要求，成为影响东北地区工业现代化水平提高的根本原因。

陈老师认为，振兴东北等老工业基地离不开政府的支持，但不能再沿用计划经济体制下的发展模式和发展办法，而必须尊重客观经济规律，使市场在资源配置中发挥基础性作用。应不断推进市场化改革，着力完善市场体系。打破地区封锁，扩大开放度，进一步发展和完善商品市场；加快培育和发展资本、土地、技术和

劳动力等要素市场，改善生产要素价格的形成机制，鼓励和促进生产要素资本化，破除制约生产要素按市场机制合理流动、优化配置的体制性障碍。完善市场竞争规则，整顿市场秩序，维护各类市场主体的合法权益，对市场主体和中介组织的行为实施有效的监督，加强诚信教育和法制教育，加速形成统一、开放、竞争、有序的市场体系。

陈老师认为，推进东北老工业基地现代化改造的关键在于积极推进市场化改革。深化经济体制改革，培育多层次的市场主体，这是振兴东北老工业基地、推进现代化进程的重要前提和基本要求。这具体应该包括以下几方面内容：①坚持"有进有退"的原则，调整国有经济布局。一方面，将国有资本向关系国有经济命脉的重要行业、关键领域中的大型企业和优势企业集中，提高这些企业在国内外市场上参与竞争的能力；另一方面，对一般竞争性领域采取退出政策，解决国有经济比重过高、国有资产质量差的问题，逐步降低东北地区国有经济比重。同时大力鼓励各类非国有经济的发展，消除一系列体制障碍，争取在放开搞活私营经济与中小企业方面有大的突破。②积极鼓励、支持和引导民营经济的发展。民营企业天然就是负责任的市场主体，民营企业的发展为深化国有企业改革提供良好的外部环境，这既表现在非国有企业给国有企业提供了市场竞争环境，也表现在非国有企业的发展可以吸纳国有企业下岗职工，缓解由于下岗而产生的社会矛盾，从而为国有企业提供了宽松的改革环境。因此政府要在投融资、税收土地使用和对外贸易等方面给它们参与公平竞争的权利，释放民营经济的活力。③深化国有资产管理体制改革，构造多元投资主体，改变国有企业的股权结构，推进国有企业的股份制改造，建立有效的公司治理结构，发展混合所有制经济，使国有企业真正成为自主经营的市场主体。④健全社会保障体系。当前老工业基地的一个突出问题是由于长期国有企业有生无死、职工不能流动使矛盾不断积累。这严重制约着东北地区国有经济的战略性调整和国有企业股份制改造。而国有企业职工不能正常流动的主要障碍就是社会保障体制缺乏支撑能力，因此建立健全和完善与市场经济相适应的社会保障体系非常重要。可以考虑中央政府制定相应的援助政策，补充东北等老工业基地养老和失业的社会保障基金的不足，创造一个有利于老工业基地改革深化的环境。

陈老师还进一步探讨了利用跨国公司的全球经济整合的机会来促进东北老工业基地振兴的可能。他认为，在国际竞争国内化和国内竞争国际化的竞争环境下，我们必须站在全球的高度来思考振兴东北老工业基地问题。鉴于国有投资者缺乏是国有大中型企业改革最大的困难，因此，振兴东北老工业基地的突破口是国有大中型企业的重构。引进跨国公司对深化国有大中型企业改革、促进东北老工业基地的振兴，具有三方面的促进作用：第一，有利于大中型国有企业产权多元化，优化公司治理结构。跨国公司以适当形式并购国有企业的部分股权，从股权结构上改变国有

企业"一股独大"的格局，实现产权多元化，促进企业经营机制的转变，推动大中型国有企业按照国际规则，形成规范的法人治理结构。第二，有利于引进大额资金与先进的设备、技术和管理经验，提升企业的国际竞争力。就跨国公司通过并购参与大中型国有企业改革而言，双方在合作上更容易达成一致。跨国公司之所以选择大中型国有企业，在于其特殊的产业地位和特有的资源。对大中型国有企业而言，能够为其提供大规模发展资金与先进的设备、技术和管理的也只有跨国公司。第三，有利于形成控制权外部市场，避免"内部人控制"，加强对经营者的激励约束。

## 关于建立环北部湾经济区

早在 2005 年 9 月，陈老师参加中组部组织"院士专家西部行"活动，到广西考察后就提出了建立"环北部湾经济区"建议：建议将环北部湾（北部）经济区的建设列入国家的"十一五"规划之中，使其不仅成为广西经济发展的增长极，并且成为国家未来一个重要的经济增长极。其主

要依据如下：

第一，环北部湾（北部）地区是中国惟一没有列入国家发展规划的沿海地区。纵观中国的海岸线，从环渤海、长江三角洲到珠江三角洲，都已成为国家重要的经济增长带；近期福建提出建设海峡西岸经济区的规划，得到了国家的认可。环北部

湾（北部）地区，既是中国西部惟一的沿海地区，也是中国惟一没有列入国家发展规划的沿海地区。在国家西部大开发战略实施的今天，我们没有理由不将环北部湾（北部）地区作为一个独立、重要的经济开发区域列入国家发展规划之中，促进该地区经济的快速发展，使其成为广西乃至全国新的经济增长极和实施西部大开发战略的一个亮点。

第二，环北部湾（北部）地区大中城市间的距离近，交通便捷，具有许多互补性和共同性，属于理想的经济圈。北海、钦州、防城和南宁之间相距不超过100千米，有高速公路相连。上述城市具有一些共同性。例如，大致都处于相同的工业化发展阶段；均提出依靠港口发展工业的战略；有三个城市有港口，并均以装卸资源原材料类产品为主。另外，城市经济又各具特色。例如，南宁的综合实力较强；北海因旅游而闻名；钦州具有丰富的工业土地资源；防城港口规模最大。这些共同性和特殊性，使该地区具备了形成经济圈的天然条件。

第三，促进环北部湾（北部）地区的经济快速发展，是有效利用沿海区位优势所必需。2004年，北海、钦州和防城三市

的人均GDP分别为10989元、5131元和10662元，北海和防城略高于全国平均水平，钦州则远低于全国平均水平。同年，北海、钦州和防城三市三次产业结构的比例大约分别为27.9：29.8：42.3、32：34：34和25.9：37：37.1，从产业结构总体上看都未进入工业化中期阶段，均落后于全国的平均水平。这显然与沿海城市的地位十分不相称，甚至可以说浪费了沿海地区发展经济的区位优势。东部沿海地区的经济发展，已从工业数量增长转变为工业质量提高的阶段，如果环北部湾（北部）的经济不能够快速发展，与东部沿海地区的差距必将进一步拉大。

第四，加快环北部湾（北部）地区经济发展，是发展中国—东盟自由贸易区的必然要求。从国际经验看，一个大自由贸易区的发展，往往需要一个高度发达经济中心的支持，否则其凝聚力和辐射力将大打折扣。因此，如果环北部湾（北部）不能成为经济高度发达的经济带，仅是西南地区的主要出海口和中国西南、华南与东盟大市场的重要交通枢纽，那么中国—东盟自由贸易区的影响力将减弱，进而影响到中国—东盟自由贸易区对于广西乃至中国整个西南地区经济发展的带动作用。

第五，环北部湾（北部）地区经济具备了快速发展资源工业的条件。一是在区位上，环北部湾（北部）地区与资源来源地（中东地区、非洲、东南亚、印度和澳大利亚等）距离接近，同时石油、钢铁等产品在西南三省具有稳定的市场需求。二是环北部湾（北部）地区拥有优良的港口集群资源，与之配套的公路和铁路已较为完善，并具备为资源型工业提供土地和淡水的条件。三是环北部湾（北部）地区经济发展，正处于由工业化初期阶段向中级阶段过渡的时期，已为快速工业化奠定了基础。

第六，现在正是环北部湾（北部）地区经济快速发展的大好时机。中国工业发展总体上正处于重化工阶段，对资源需求量很大，尤其是石油石化、钢铁产品的需求旺盛，今后若干年，国家对原油、铁矿石等资源型原料进口将大大增加。这无疑给环北部湾（北部）地区依托和利用国外资源，大力发展石油石化、钢铁、电力等为主导产业的临海资源型工业，提供了很好的机遇。

基于上述考虑，广西应该大张旗鼓地宣传"发展环北部湾（北部）"的概念，专注地打造"环北部湾（北部）经济区（或经济带）"。环北部湾（北部）的发展战略可以概括为"依托大腹地、立足大开放、发展大工业、建设大港口、构建大物流、实现经济大跨越"。具体而言，要重视以下几方面工作：首先，要搞好环北部湾（北部）经济发展的规划，努力使环北部湾（北部）经济区的概念进入国家规划中，得到国家认可，吸引国家投资、民营资本和外资。其次，要继续加快以港口为中心的基础设施建设，在交通路线的设计上，不仅强调南北向的交通，还要努力增加与广东的联系，形成完善的环北部湾的铁路运输线。再次，要正确选择主导产业，一方面大力发展能源、钢铁、石化、粮油加工、林浆纸等主导行业；另一方面重视高新技术产业的发展，同时还要充分利用亚热带农业海洋资源，发展特色的农产品和海洋产业，而且要重视产业发展的配套能力建设，促进产业集群的形成。最后，要加强以物流为中心的服务体系的建设，通过工业发展促进现代物流，而发展物流又为工业发展提供有效支撑。

陈老师认为，未来环北部湾（北部）经济带一定能够成为我国继珠三角、长三角等区域之后的又一个促进国家经济快速发展的新增长极。今天，环北部湾经济区已变成现实，环北部湾经济圈业已成为长江三角洲、珠江三角洲和环渤海湾三大经济圈之外的又一新经济圈。

## 关于长江中游经济区建设

中共十六届三中全会把统筹区域发展作为完善我国社会主义市场经济体制的一项基本要求，这对于解决我国东西部、东中部发展不平衡问题具有重要意义。解决东西部、东中部发展不平衡的问题，必须充分发挥中部地区自身的作用。因此，陈老师对民盟中央提出的关于加快建立以武汉为中心的长江中游经济区建设的构想，始终给予积极关注，并且保持积极支持的态度。长江中游经济区形成之日，也就是长江经济带兴旺发达之时；中国中部地区崛起之日，也就是中国现代化实现之时。

加快长江中游经济区建设，有利于长江流域经济的协调发展。整个长江流域经济带划分为上、中、下游三个经济区，以重庆为中心的上游经济区、以武汉为中心的中游经济区和以上海为中心的下游经济区。下游经济区在上海的带动下，已经成为中国经济发展中的重要一极，上游经济区在国家西部大开发战略和重庆变成直辖市的推动下，发展很快，前景很好，而中游地区在改革开放后虽然取得了巨大成就，但是由于许多因素的制约，如思想观念陈旧、体制机制落后、要素配置不优等，致使该经济区的发展相对滞后，经济区的形成遇到了不少问题。为了解决这些问题，当前必须加快长江中游经济区的建设，实现长江流域协调发展。

加快长江中游经济区建设，有利于发挥其"承东启西、接南转北"的作用。改革开放以来，我国东部地区经济已经有了很大发展，正在为率先实现现代化而奋斗。西部地区实施"西部大开发"战略以来，随着各项政策的出台和落实，投资大幅度增加，基础设施建设有了较大改善，经济发展势头良好。而广大中部地区的经济发展有被忽视的现象，但从经济发展的规律看，东部发展起来后，不可能跳过中部而孤立地去开发西部。没有中部地区的发展和繁荣，不可能有西部地区的发展和繁荣；没有中部地区的现代化，也不可能有中国的现代化。因此，长江中游是我国中部的一个重要经济发展区域，它对中国区域经济的发展能起到"承东启西、接南转北"的战略支点作用。发展长江中游经济等要素合理流动与配置，从而形成了中国区域总体布局的均衡态势和完整结构。

加快长江中游经济区建设，有利于形成我国经济发展新的增长极。中部是我国发展潜力最大的地区，以武汉为中心的长江中游经济区有可能成为我国经济发展新的增长极。武汉是华中地区最大的经济中心，交通四通八达，素有"九省通衢"之称，是我国南北交会、承接东西的战略要地，是全国最大的综合性交通枢纽之一。这个区域自然资源特别是淡水资源丰富，腹地市场广阔；这个区域科技教育发达，如武汉是全国第三大科教中心、第二大智力密集区；这个区域有较好的工业发展基础，特别是武汉工业基础雄厚，是我国重要的老工业基地之一，工业门类齐全，现已形成钢铁、汽车、机械、高新技术四大支柱产业；这个区域在自然条件、资本总量、市场容量和基础设施等方面都具有明显的具备成为未来区域经济中心或增长极的基础条件。

加快长江中游经济区建设，有利于老工业基地的改造。国家已经把老工业基地的改造提上了议事日程。武汉、黄石、鄂州等城市是老工业基地，冶金、机械、化工、建材、纺织等传统产业占主导地位，为国家做出重要贡献，但是现在改造任务较重。武汉拥有科技人力资源、综合科学技术能力和相对良好的产业基础，具有对老工业基地改造的基本条件，具有发展高新技术产业的优势，这些对于老工业基地的改造具有积极促进作用。

加快长江中游地区的建设，区域内各级政府要解放思想、转变观念、形成共识、加强协作。必须树立双赢、多赢的观念，在资源的基础上，按照互惠互利、共同发展的原则，建立区域合作机制。在建立长江中游经济区的进程中，实现本地区的联动发展和共同繁荣，争取区域利益最大化。

加快长江中游经济区建设，应该积极争取国家的支持。国家的支持主要有两个方面：一是政策的支持。在财政、税收、国有企业改革、解决社保基金支付问题、老工业基地改造、发展科技教育和其他社会事业等方面，国家对这些地方都应该有一些优惠政策，适当向这些地方倾斜。二是资金和项目的支持。在基础设施建设、技术改造、老工业基地改造、新的大型项目的建设等方面，应多开发一些好的项目。当然，建设长江中游经济区主要应依靠本区域的各级政府和各个方面的努力，但是改革开放以来的各个经济区形成的实践表明，任何大的经济区的形成没有国家的支持也是不可能的。

搞好区域规划，特别是武汉中心城市的发展规划和发展战略至关重要。武汉在长江中游经济区建设中具有中心城市的地位，其作用其他城市很难替代。必须按照建立长江中游经济区的总体目标和要求，树立新观念，开拓新思路，制定新战略，建设新武汉。具体而言，要完善武汉中心城市的功能，发挥武汉中心城市的辐射作用和带动作用，促进武汉与周围城市和地区的协调发展；要优化城市空间布局，按

照经济社会协调发展的要求，推进产业空间布局和功能的调整优化，提升城市综合服务能力；要加强基础设施建设，以建设一批现代化市政公用设施为重点，高质量、高标准地建设城市路网、通信网、供电网、给排水网和供气网；要改造和整治旧城环境，完善市域城镇体系，进一步拓展城市空间；要加大环境治理力度，推进城市园林、植树造林等生态工程建设，构建具有江、湖特色的适于人居的生态城市；要改善区域内的投资环境，增强引进内外资的能力，在不断改善硬环境（包括交通、通信、供水、供电等）的同时，还必须加大软环境的改善力度，比如完善和规范各种优惠政策、建设良好的法制环境、精简政府机构、规范政府行为、提高办事效率、加强诚信教育、规范市场主体的行为、整顿市场秩序等。

## 关于海峡西岸经济区建设

1995 年福建提出建设福州到漳州的闽东南沿海地区的"海峡西岸繁荣带"，这是一个"行政区战略崛起"的思路。而海峡西岸经济区是一个涵盖福建及周边地区

的经济板块，其范围不仅包括福建这一主体部分，还覆盖粤东、浙南、赣南等经济协作区域，是"经济区战略崛起"的发展路线。从"带"到"区"的上升，体现了

福建对区域定位的认识在深化，表明海峡西岸经济区已经摆脱了行政区经济的羁绊，摒弃了原有的"行政区战略崛起"思路而选择以省际对接和区域整合为内容的"经济区战略崛起"的发展路线，从长远发展的战略眼光和整合发展的思路出发，推动经济资源的合理流动和跨地区的经济合作，以增强区域整体竞争力。

这种"破区而出，连横合纵"的规划既符合区域经济发展规律，又使海峡西岸经济区的发展和竞争力构建同长三角和珠三角这两个国内实力最强、增长最快的经济区域联系起来，同资源丰富、优势突出的内陆省份联系起来，并推动中国东部沿海地区连片繁荣和东中西部互动；进一步密切与港澳台地区的关系，承接来自东岸中国台湾的产业转移实现资源互补，并联手加强与世界各地特别是发达国家的经济往来和技术交流，提高吸纳与消化、生成与创新能力。使海峡西岸经济区有足够的力量与东部其他经济区合作竞争，成为辐射赣、鄂、湘和浙南、粤东的华东南地区对外窗口。

针对《海峡西岸经济区建设纲要》，陈老师从以下几个方面提出了政策建议：①打好海峡牌：经济联系为桥梁，抓住民心是根本。纲要提出建立"海峡西岸经济区"有利于祖国的统一大业，这也是说西岸经济区要打"海峡牌"，但如何打好"海峡牌"值得深入研究。事实已经证明强化经济联系、带给台商实惠、增大台独成本、分化台独势力的思路基本是成功的。我们必须坚持贯彻这一方针。同时必须认识到经济联系仅是桥梁，抓住民心才是根本。海峡西岸经济区在强化台闽经济联系的同时，还要以多种方式做好台商的思想工作，强化台商对中华民族共同历史、种族、文化的认同感。具体来讲，政府在工作中要提高效率、公正、公开、树立廉洁高效的形象，增强我们的制度竞争力；党和政府在做好政府层面的统战工作的同时，要引导民间组织的发展，加强民间层面的交流沟通，增强文化、乡情的感召力。②打好内部整合牌：体制上破壁清障，纵向整合沿海经济密集区。提"海峡西岸经济区"，就是因为还有"海峡东岸"，"西岸"要吸引"东岸"的经济辐射，关键是加快自身的建设，建立一个开放式经济区，然后以此吸引更多的台资和其他外资。当前西岸经济区的建设重点还是整合沿海经济密集区，以此为基础再向内地经济发展区和周边经济协作区扩散。而整合沿海经济密集区的关键是打破内部行政分化。由于现行管理体制和行政区划等原因，沿海经济密集区的发展仍旧局限在各自行政区域内，孤立的点优势难以转变为集聚的群优势，尚未形成有机统一的发展整体。要借建设"西岸经济区"的契机打破阻隔区域生产协作和交流的体制性障碍、组建统一开放的大市场。首先要将各地的发展战略统一到"西岸经济区"的框架之下，统一规划、差别定位、减少内耗，做到区内各发展战略和规划趋合而非趋同，然后逐步抑制区域内产业结构的低层次重复，统一规划大型基础设施建设。在短期内强化沿海经济密集区的极化作用，再在中长期内发挥其经济扩散辐射能力。③打好外部整合牌：明确自身区域优势，促进产业结构调整。"海峡西岸经济区"的根本立足点就是发挥福建北承长江三角洲、南接珠江三角洲，东对中国台湾、毗邻中国港澳地区，西连内陆的独特区位优势，发挥其支点和枢纽作用，撬动东部沿海经济板块，也就是说西岸经济区要打"外部整合牌"。能否整合东部沿海经济板块、承接海峡东岸的产业转移，海

峡西岸经济区自身的产业选择将是关键，纲要提出的建设以电子信息产业、机械装备（包括汽车工业、船舶工业和工程机械制造业）和石化产业等具有主导性、支撑性、基础性影响的战略产业。这种产业结构与其上的长三角、其下的珠三角的产业结构有同构化的趋势，相互之间替代性大于互补性、竞争大于合作，难以形成主动扩散、良性互动，而且石化等产业还存在战略安全问题。因此，应组织力量辨识清楚自身优势，重点发展具有比较优势、互补性强的产业，寻求从比较优势到竞争优势的跨越。④打好可持续发展牌：大力发展集约型经济、节约型经济。中国经济表现出明显的粗放性特征，主要依靠投资和消耗大量资源来维持高速增长。各种数据显示这种发展模式已经走到了尽头，近些年来，经济发展越来越受到资源、环境等因素的约束。走可持续发展的道路，发展集约型经济、节约型经济是中国将来经济发展的惟一选择。海峡西岸经济区要取得成功，也必须把发展集约型经济、节约型经济放在首位。

# 关于浙江经济发展与浙江经验

改革开放以后浙江的经济发展的确具有传奇色彩，在没有过多资源优势、没有大量外资可利用、没有强力政策倾斜的情况下，浙江人依靠自己的努力，创造了经济增长的奇迹，演绎了从一个资源匮乏的小省发展成为一个经济发达的大省的传奇。2005 年，浙江人均 GDP 的水平是全国的两倍，以占全国 1/26 的人口，却贡献了占全国 1/14 的生产总值。浙江 62 个实体县市中，有 30 个已进入全国百强县，占全国的三成，占浙江实体县市的近一半。全国 1000 个千强镇，浙江占 268 席。全国省辖百强市中，浙江 11 个省辖市，9 个属于百强市。总体上看，改革开放以来浙江所取得的经济发展成就是浙江自觉遵循市场化、工业化、城市化规律逐步演进的结果。浙江经济发展的过程体现了尊重人、尊重经济发展规律的科学发展的过程。

浙江之所以能够取得如此巨大的经济成就，在短短 20 多年的时间内形成颇具特色的浙江经济，创造出令世人瞩目的"浙江现象"，主要是坚持了以下三个基本做法：一是始终坚持富民强省、以人为本的经济发展目标；二是努力培养内源性、与市场经济体制相适应的经济增长动力；三是制定实施因地制宜、符合工业化规律的经济发展战略。这三条，就是浙江经济发展的基本经验。以 2003 年为界，这个经验可以划分为两个阶段，2003 年以前是浙江经验的探索完善阶段，2003 年随着"八八战略"的提出，浙江经验经过总结升华后，成为指导浙江省未来发展的指导方针，浙江经验进入推广应用阶段。[①]

---

① 2003 年 7 月，中共浙江省委举行第十一届四次全体（扩大）会议，在总结浙江经济多年来的发展经验基础上，全面系统地总结了浙江省发展的八个优势，提出了面向未来发展的八项举措——"八八战略"，即进一步发挥八个方面的优势、推进八个方面的举措。具体包括：一是进一步发挥浙江的体制机制优势，大力推动以公有制为主体的多种所有制经济共同发展，不断完善社会主义市场经济体制。二是进一步发挥浙江的区位优势，主动接轨上海、积极参与长江三角洲地区合作与交流，不断提高对内对外开放水平。三是进一步发挥浙江的块状特色产业优势，加快先进制造业基地建设，走新型工业化道路。四是进一步发挥浙江的城乡协调发展优势，加快推进城乡一体化。五是进一步发挥浙江的生态优势，创建生态省，打造"绿色浙江"。六是进一步发挥浙江的山海资源优势，大力发展海洋经济，推动欠发达地区跨越式发展，努力使海洋经济和欠发达地区的发展成为我省经济新的增长点。七是进一步发挥浙江的环境优势，积极推进以"五大百亿"工程为主要内容的重点建设，切实加强法治建设、信用建设和机关效能建设。八是进一步发挥浙江的人文优势，积极推进科教兴省、人才强省，加快建设文化大省。

陈老师认为，一方面，浙江经济发展取得了巨大的成功，形成了独特的浙江经验，这些经验从方法论角度对其他地区的经济发展具有指导意义；另一方面，浙江经济进一步发展还存在经济增长方式急需转变的关键问题，未来浙江需要以科学发展观为指导，继续推进增长方式的转变，使浙江率先实现现代化。

从哲学观念层次或者方法论层次看，浙江经济发展经验无疑是具有普遍意义。在推进我国工业化进程和建设中国社会主义现代化经济建设实践中，必须坚持以人为本的经济发展目标；必须加快市场化改革，以市场经济机制为动力、坚持市场经济手段推进现代化进程；必须结合省情、区域特征和发展阶段，遵循社会经济发展的规律和趋势，探索具有区域特色的经济发展模式，这是浙江经济发展经验的普遍意义所在。

同时，浙江经济增长方式亟待改变。浙江现在已经进入工业化后期的前半阶段，正在向 2020 年率先基本实现现代化的发展目标稳步前进。显然，这个目标的实现，必须依靠科学发展观的指导。当务之急是要推进经济增长方式的转变，通过"以经济增长方式的转变促进发展模式的全面转型"。

针对浙江的省情，在转变经济增长方式过程中有两个问题值得关注。一是浙江省是否走重化工道路问题。2004 年，吴敬琏对浙江要推进从轻型制造业为主向重型制造业为主的产业高级化发展提出了质疑，批评很多浙江企业向"重型化"方向发展的倾向。但是，无论从工业化阶段转换的有序性还是从国际经验看，一个大的国家或者区域的重化工业化阶段都是难以逾越的。重化工业更容易导致资源过度消耗和环境污染等问题，浙江资源性产品供给不足的压力很大。但是两者之间并非有必然的逻辑联系。如果通过推进工业现代化进程，充分利用科技高度发展和经济全球化带来的机遇，同时加以认真规划和设计，浙江的重化工业发展就可以走出一条不同于工业发达国家在相应发展阶段曾经经历过的高能耗、高污染的发展道路。新型工业化道路的核心是在增长方式上实现集约化和可持续。要达到这个目标，就必须推进工业现代化，利用高新技术特别是信息技术改造传统的重化工业，使这些产业的产品性能、生产方式、盈利模式和资源消耗等都更加符合集约化发展和可持续发展的要求。虽然关于如何解决能源、原材料等资源性产品供给不足的矛盾，存在依靠价格机制、提高能源和原材料价格以及通过进口来弥补国内资源性产品供给不足的缺口两种方法。但是无论是价格上涨还是扩大进口都是有约束条件的。从根本上说，解决资源约束的关键还在于通过科学技术进步，通过推进工业现代化进程，实行经济增长方式的转变。所以，浙江发展重工业的关键，不在于是否发展重工业，而在于能否通过提高工业现代化水平解决重工业资源过度消耗和环境污染问题。浙江省要发展重工业，但一定要按照新型工业化战略的要求来发展。

二是浙江是否要强调利用外资。以温州为例，在民间资本充裕的温州，"以民引外"战略的提出，曾受到外界的质疑。为什么在民间资本丰富，而自然资源匮乏以至于连本地企业都难以满足的情况下还要招商引资？这是不是典型的政绩驱动？认识的差异源自对外资作用理解的不同。温州市所看重的并不是单纯的外资资本要素本身，显然从数量上温州并不缺乏资本要素，但温州缺乏与外资资本要素捆绑在一起的先进技术、先进经营理念、高素质的国际化人才和更大的国际市场。没有外

资的介入，单纯依靠民营企业自身封闭发展，难以在短时期内突破制约民营经济发展的技术、人才、管理和企业制度"瓶颈"，难以及时实现温州产业结构升级和促进温州经济结构调整。外资的引入，对温州经济发展产生技术、制度和文化三个方面的影响，这可以概括为技术外溢效应、制度转型效应和文化建设效应。技术外溢效应是指通过跨国公司在接受国的经济活动，例如应用先进的技术和科学的管理等，使得跨国公司的对外直接投资能够促进接受国的技术进步率加快的一种"接触效应"；由于技术外溢效应的存在，通过"以民引外"、民营企业与外方的嫁接，可以提高民营企业的技术和管理水平，较快完成民营企业融入国际市场的进程，从而提升温州产业结构，促进温州经济增长方式转变。制度转型效应是指外资的引入对民营企业家族制企业制度和家族管理方式向现代企业制度和科学管理方式转变的促进和示范作用。外资的引入，能够使家族制企业股权多元化，建立有效的公司治理结构，进而打破任人唯亲的家族管理方式，广揽天下贤才，促进民营企业管理提升，奠定民营企业做大、做强、做久的制度基础。文化建设效应则是由于不同文化

背景的外资引入，必然会对现有文化产生一种显著的冲击力量，从而促进文化的建设。因此，"以民引外"对于实现浙江产业结构提升和经济增长方式转变，把浙江现代化进程推到新的发展阶段，具有重要的意义。

（整理者：郭朝先）

# 论宏观经济调控

宏观调控是必要的，是要经常进行的。政府应该建立科学的宏观经济运行监控体系，加强对经济运行的监管，及时采取恰当的调控措施，使宏观调控常态化，防止经济的大起大落，保持经济平稳健康发展，切忌用搞运动的方式来进行宏观调控。但是，宏观调控是短期的，只能解决短期经济问题，长远的、深层次的问题还必须通过深化改革来解决。因此宏观调控必须基于国家所处宏观经济形势变化，同时还要把握宏观调控与深化改革等方面的平衡。陈老师从 2004 年开始针对宏观调控，特别是关于中国经济增长、结构调整、控制物价之间的关系如何平衡等方面提出了许多有价值的政策建议。

本文梳理了陈老师 2003~2012 年发表的有关宏观调控方面的研究成果，对相关文章的内容选摘有助于大家把握我国宏观经济形势变化和宏观调控政策演进的大体脉络。2003~2007 年，我国国内生产总值每年的增长速度分别达到了 10%、10.1%、10.4%、11.1%、11.4%，陈老师在这段时间内提出的宏观经济政策建议更多的是强调控制固定资产投资规模，要防止经济过热，控制房地产市场过热，从而确保固定资产投资合理增长，促进经济平稳较快发展。2008~2009 年，美国次贷危机引发的全球金融危机，对包括我国在内的各个国家经济均产生了严重的影响。陈老师一方面分析了我国经济放缓的原因，另一方面建议在"保增长"的同时要利用好这个机会注重调整经济结构深化改革。2010~

2012 年，我国国内生产总值增长速度出现回落，陈老师在这段时间内多次强调宏观调控的目标应该是"稳增长"、"稳中求进"，并强调要始终把扩大就业作为政府宏观经济政策、产业政策和劳动力市场政策的重要内容和首要目标，努力扩大就业。

## 一、控制固定资产投资规模，促进经济平稳较快发展①

2003~2007 年，我国经济出现了多年未见的高速增长，进出口、财政收入等也都出现了高速增长的局面，固定资产投资速度增长过快、投资总体规模过大。但与此同时，也出现了一些值得关注的问题，我国经济发展中的许多深层次问题，如结构不合理、粗放经营、旧体制的束缚等尚未解决，经济运行中又出现了许多新情况，能源、交通、主要原材料供应全面紧张，一些行业的盲目扩张和重复建设日益加剧，对转变经济增长方式构成了极大冲击，增大了通货膨胀和金融风险的压力。

针对这种情况，陈老师建议要采取多种措施把固定资产投资控制在合理范围内。对于固定资产特别是基本建设投资增长过快的问题，应加强宏观调控，坚持以市场为导向，主要运用经济手段辅之以必要的行政手段来加以解决。中央银行还应继续采取多种措施对货币信贷总量进行有效控制。同时，其他有关部门应密切配合，通过产业政策、市场准入条件等措施，对投资进行引导，对某些行业的新建项目加以严格限制。此外，应该规范各级地方政府的行为，严格遵守财经纪律和审批权限。进一步清理和整顿开发区建设，严格土地使用审批程序，禁止乱占耕地和强行低价征用耕地。坚决制止无资金保障、无市场前景、无经济效益、无社会效益的"四无"工程。坚决制止用拖欠干部、教师工资的办法搞各种建设项目，坚

---

① 主要摘自《抑制局部经济过热的苗头》，《人民日报》2004 年 2 月 24 日；《当前的经济形势与宏观调控》，2005 年 6 月 18 在莫斯科召开的第五届中俄经济学家论坛上发表的演讲稿；《当前我国固定资产投资存在的几个问题》，《中国社会科学院院报》2005 年 6 月 9 日；《完善调控体系，促进经济健康增长》，《中国社会科学院院报》2004 年 8 月 3 日；《控制固定资产投资规模，减少盲目投资重复建设》，《人民日报》2004 年 2 月 24 日。

决制止各种各样的"形象工程"、"政绩工程"。

**1. 要进一步研究宏观调控的目标，掌握好宏观调控的力度**

不同时期宏观调控的目标和重点是不一样的。2003 年之前，由于受亚洲金融危机和世界经济不景气的影响，中国经济处在低速增长阶段，我国宏观调控的目标是促进经济增长，对抗通货紧缩。因此，采取了积极的财政政策和稳健的货币政策以及其他相关政策措施。2003~2007 年，中国经济进入了新一轮高速增长阶段，经济出现了局部过热的局面，宏观调控的目标和重点发生了变化。宏观调控的任务是要遏制经济的超高速增长，防止经济由局部过热发展为全面过热。这就提出了几个需要注意的问题。

首先是宏观经济政策必须调整，积极的财政政策应该淡出。陈老师在 2004 年初讨论政府工作报告时就提过这个意见，并建议在报告中不要出现"保持宏观经济政策的连续性和稳定性"这样的话。当时的中央的有关文件虽然没有讲积极财政政策淡出的问题，但在实际工作中已经在调整这一政策。陈老师认为在当时再讲实行积极的财政政策已经不适宜；待经济"软着

陆"后，应该实行温和的宏观经济政策。

其次是宏观调控的目标问题。目前中国经济到底应该保持多快的发展速度才合适？按照 2004 年的计划，GDP 的增长率应保持在 7%。投资增长 12%，出口增长 8%。上半年这些指标都大大超过，GDP 增长达到 9.7%，投资增长为 28.6%，出口增长也超过 36%。如果要按照原先确定的目标去进行宏观调控，经济必然严重下滑，重新出现经济不景气的局面。GDP 7%的发展速度，是根据 20 年中国国民经济总量再翻两番推算出来的，缺乏科学根据。依据中国现有的经济实力和历史经验，陈老师认为在当时的情况下，中国 GDP 的年增长率保持在 8%~9%比较合适。

最后是物价问题。2003 年，一些人之所以不承认中国经济出现了过热的现象，其重要依据之一就是中国的消费品价格指数还比较低。但是，2004 年上半年的这种情况已经有了很大变化。上半年 CPI 虽然预计只有 3.6%，但趋势是逐步增加的，前 5 个月的涨幅分别为 3.2%、2.1%、3.0%、3.8%和 4.4%，呈 V 字形变动。预计下半年 CPI 同比增幅还将继续扩大，将突破全年价格调控目标，达到 4%左右。经验表明，像我国这样的发展中国家，5%以内的

物价上涨应属于温和的、可以接受的，对经济的发展也是有利的。换句话说，如果经济发展速度超过9%，CPI超过5%，就应视为进入了全面过热阶段，我们应该防止这种情况的发生。

**2. 要注意合理地使用调控手段**

针对当时上上下下对宏观调控手段议论颇多的情况，陈老师指出关键是如何看待使用行政手段的问题。不少地方同志埋怨，中央有关部门还是习惯于使用行政手段管理经济；而在北京听的多的，则是埋怨地方政府采用行政手段直接干预经济。我们要建立的是社会主义市场经济体制，调控经济当然主要依靠经济的和法律的手段。但是也必须看到，中国的市场经济还不成熟，政府的行为还不规范，政府直接干预经济的现象还较普遍，尤其是在政府换届时这种现象更为严重，往往使经济出现新一轮行政性周期。因此，在必要时适当采取行政手段也是应该的。但是行政手段只能是辅助的、暂时的，只是在上级政府为了纠正下级政府的不正确的行政行为时才能使用，也才能有效。

**3. 宏观政策的政策取向实行稳健的财政政策和稳健的货币政策**

稳健的财政政策，是在新形势下加强和改善宏观调控的一项新任务，是加强和改善宏观调控的重要举措。它不是简单地单纯调控总量，而是要在总量调控的同时承担和实现调整结构的任务。在实行过程中更要认真谨慎，密切注意执行效果，防止各种可能出现的问题，保证政策实行收到实效。

第一，面对当前物价水平上涨压力，宏观调控更多的是要防止通货膨胀。而继续发行国债的措施仍具有一定的扩张性特点，因此，稳健的财政政策在执行过程中，一方面，要注意政策转向不能过猛，做好扩张性财政政策与稳健的财政政策的转换衔接，实现较平稳的政策过渡；另一方面，更要把握好财政政策扩张性的度，根据形势变化，及时进行进一步调整，继续减少扩张性特点，弱化扩张性性质，以适应经济周期上升阶段的总趋势。

第二，目前中国宏观经济运行中，投资率过高、投资增长速度偏快，以致投资与消费的结构失衡的问题日益严重。稳健的财政政策的实行应该有效发挥其宏观经济政策的导向作用，通过财政分配，积极解决或改善投资率长期过高、投资与消费的结构失衡的问题。

第三，虽然稳健的财政政策的主要内

容之一是将继续适当发行的国债资金用于"三农"和发展社会事业，但是从长期看，公共财政对"三农"和发展社会事业的投入和支持，主要还是应该通过规范的财政转移支付来解决。

在控制投资需求膨胀、缓和价格上涨压力方面，货币政策能够更有效地发挥作用。在宏观调控实践中，中国的货币政策的间接调控机制正在逐步形成。货币政策的导向作用日益明显。为了控制投资反弹和有效抑制价格上涨压力，陈老师在2005年建议考虑再次释放提高利率的货币政策信号，更好地发挥利率杠杆作用。从货币供给和需求两方面，乃至宏观经济的供给和需求两方面进行宏观调控。在目前情况下，实际利率，特别是居民存款的实际利率基本处于负利率状态。长期如此不利于保护居民储户的利益，不利于理顺经济关系，不利于建立正常的市场经济秩序。

**4. 宏观调控应继续控制固定资产投资规模，并积极扩大消费需求**

在固定资产投资规模增长较快的同时，行业投资结构仍然存在不合理的问题。工业投资增长仍然较快，一方面，钢铁、水泥、电解铝等过热行业的投资规模仍然偏大；另一方面，又出现了一些地方和企业

违规开工建设电站等新的盲目投资。投资需求膨胀又造成了"煤、电、油、运"更为紧张，引致有关行业的投资增加，导致新的投资结构失衡。

各地发展经济的积极性仍然很高，具有投资反弹的内在动力，这是出现反弹的制度条件。同时，国内各方面蕴藏着相当数量的资金，可以为投资反弹提供资金条件。财政方面，财政政策性质虽然已由扩张转向稳健，但是仍然带有一定的扩张性特点，资金使用方向需要严格控制。金融方面，银行仍然是存款增长快于贷款增长，存贷差在扩大。此外，大量民间资本不断积聚，力量日益壮大，需要寻找出路。陈老师建议在做好防止投资反弹的工作中，高度重视这些制度条件和资金条件对可能形成的投资反弹产生的影响。宏观调控的中心任务是继续保持经济的平稳较快发展，避免经济出现大起大落。要实现这一目标，就必须及时控制投资的过快增长，注意积极调整投资结构，控制过热部门的投资，同时加强薄弱环节。

**5. 宏观调控工作的着力点放在产业结构调整和转变经济增长方式上**

宏观调控是短期的，只能解决短期经济问题，长远深层次的问题还必须通过深

化改革来解决。陈老师一直强调，宏观调控工作的着力点放在产业结构调整和转变经济增长方式上。中国的第一、第二、第三产业关系不协调。农业发展滞后，"三农"问题将是长期困扰中国经济快速发展的主要障碍，不要因为粮食减产了大家才去关注农业问题，而是要研究解决"三农"问题的长效机制。现在要重视"三农"问题已经形成共识，一些地方政府低价征收、征用农村土地的问题应该引起我们的足够重视。

我国第二产业规模已经很大，主要应解决盲目建设、低水平重复建设问题，努力发展支柱产业，特别是要重视发展高水平的装备制造业，发展高新技术产业和高附加值的产业。同时，要大力促进第三产业的发展。

中国经济的粗放式经营方式依旧没有改变，主要依靠投资和消耗大量资源来维持高速增长。中国虽然是一个资源大国，但是人均拥有的资源量大都低于世界平均水平，特别是对人类生存和中国工业化具有战略意义的淡水、耕地和森林等资源的人均拥有量，仅占世界水平的 1/4、1/3 和 1/6；能源储量和矿产资源潜在价值，人均只占世界平均水平的 1/2，除煤炭外的大宗矿产基本难以满足需要。同时资源消耗量大和浪费严重。近些年来，中国经济发展越来越受到资源、环境等因素的约束；走可持续发展的道路，发展集约型经济、节约型经济是中国将来经济发展的唯一选择。

**6. 规范政府投资的资金来源和投资行为，防止中国经济不断出现行政性周期**

从我国经济发展阶段看，2003~2007年的投资率高有其客观必然性；但从历史经验和国际比较看，我国的投资率已达到当时的历史最高水平，也明显高于发达国家和其他发展中国家。投资表现出的持续"三高"（投资增长的绝对速度偏高，投资占 GDP 的比重偏高，投资对经济增长的拉动作用偏高）极易造成经济的整体或局部过热。

历史经验表明，中国经济增长的每一次大起大落，都与投资规模过大密切相关。而以政府主导的行政投资扩张对每一次投资波动都起到了推动作用。要正确认识转轨体制下政府投资的特征，其导向性作用很容易引致全社会总体投资规模的扩大，投资速度加快。因此，要按照党中央关于构建社会主义和谐社会的原则和要求，落实科学发展观，在运用经济、法律、行政手段的同时，继续深化体制改革，从制度和体制上解决软预算约束问题，消除形成政府投资冲动的机制；加强对各种专项基金使用的管理；认真研究解决大学等事业单位不顾偿还能力举债搞建设的问题；认真研究解决垄断行业的国有及国有控股企业的利润上缴和合理使用问题。从各个方面规范政府、国有企事业单位的投资资金来源和投资行为。确保固定资产投资合理增长，促进经济平稳较快发展。

长期以来，行政性的冲动是造成中国经济大起大落的根源。解决这个问题的关键是深化改革。要深化计划、金融制度、投资体制和土地征收征用制度的改革，特别要加快商业银行改革的步伐。同时，也要深化政治体制的改革，加强法制建设。经济出现行政性周期的根本原因，还在于政企不分，政府职能没有发生根本转变。另一个重要原因是法制不健全、法制观念不强，政府不依法行政。只有这些方面的改革取得重大进展，才有可能减少和最终避免中国经济出现大起大落的行政性周期。

## 二、保增长，调整经济结构，适当控制投资规模和速度[①]

2008 年，我国面临的国际国内形势出现了许多新情况新变化。美国次贷危机发生后，世界经济增长放缓，美元贬值，石油、粮食价格持续高涨，世界面临较大的通货膨胀压力。此外，越南金融形势严峻，通货膨胀高企，潜在金融风险加大。国内接连发生历史罕见的低温雨雪冰冻灾害和特大地震灾害、严重洪水灾害，灾区人民的生命财产遭受重大损失。国内外形势发生的这些重大变化对我国经济发展产生了一些不利影响。

陈老师认为，要正确理解 2008 年经济增长放缓的原因，经济增长速度仍在合理区间内，我国经济快速发展的基本面没有

①　主要摘自《处理好保增长与调整产业组织结构的关系》，《中国社会科学院报》2009 年 11 月 19 日；《着力巩固经济企稳回升势头》，《人民日报》2009 年 8 月 24 日；《正确看待当前我国经济增速回落，采取灵活审慎态度搞好宏观调控》，《中国经贸导刊》2008 年第 22 期；《抑制价格过快上涨，保持平稳较快发展》，《人民日报》2008 年 7 月 2 日；《进一步提高宏观调控的有效性》，《人民日报》2007 年 12 月 26 日。

改变，但由于美国金融危机不断加深，影响不断加剧，国内宏观调控因素与国际经济不利因素两者叠加，使我国经济增速回落步伐过快。对此，我们既应该高度重视，又不要反应过度。这既是挑战，又是调整经济结构、深化改革的大好时机。

### 1. 做好价格调控工作

陈老师针对当时我国经济最突出的通货膨胀压力较大的问题，提出 2008 年下半年的工作重点应继续按照控总量、稳物价、调结构、促平衡的要求，在总体上继续防止经济增长由偏快转为过热、防止价格由结构性上涨演变为明显的通货膨胀，实行稳健的财政政策和从紧的货币政策。同时强调宏观调控的重点是做好价格调控工作，把治理通货膨胀放在突出位置，稳住通货膨胀预期，防范金融风险，保持宏观经济基本面的健康和稳定，促进国民经济又好又快发展。应综合运用经济、法律和必要的行政手段，以经济手段为主，注重标本兼治、远近结合，着力在治本上下功夫，千方百计抑制价格总水平过快上涨。

### 2. 处理好经济增长速度与控制通货膨胀的关系

虽然在不同国家、不同时期，经济增长与通货膨胀之间的关系具有明显的多样性和差异性，但在中国这样的发展中国家和这样的发展阶段，经济增长与通货膨胀之间确实存在一定程度的相关性。当经济增长速度持续过高时，通货膨胀率会上升；相反，如果要把过快的经济增长速度迅速降下来，通货膨胀率肯定也可以降下来。但是，在美国次贷危机加深、国际经济不确定性显著增大的情况下，我们不能让经济增长速度回落过快，因此，我们只要把通货膨胀率控制在可承受的范围内即可，不必苛求把通货膨胀率过快降下来。

从改革开放以来我国宏观调控的实际情况来看，把我国经济增长速度控制在 9% 左右较为合适。经济增长速度过高会加剧许多结构性矛盾，并可能引发通货膨胀；经济增长速度过低不利于增加就业，不利于全面建设小康社会，并可能引发通货紧缩。在充分吸取以往历次宏观调控经验和教训的基础上，今后我们应更好地处理经济增长速度与控制通货膨胀的关系，保持经济适度平稳较快增长，防止出现大起大落。

### 3. 处理好农民增收与控制通货膨胀的关系

千方百计增加农民收入是全面建设小康社会的重点和难点，是落实扩大内需方针的必然要求。近几年来，中央把促进农民增收作为农业和农村工作的中心任务，采取了一系列重大措施，扭转了农民收入一度低迷徘徊的局面。受石油价格高企推动的谷物燃料化、新兴国家粮食需求上升、美元贬值等因素的影响，2007 年以来国际粮食价格显著上涨。虽然近几年我国粮食价格也有一定程度的上涨，但在限制粮食出口等政策的作用下，目前我国粮食价格仍然显著低于国际市场价格。粮食食品价格上涨有合理性的一面，有利于农民增收。我国农产品价格显著低于国际市场价格，为我们进一步理顺粮食等主要农产品的价格提供了外部条件。逐步理顺农产品价格，兼顾消费者承受能力和生产者利益，使农产品价格保持在合理水平，一个重要的方向就是要在通货膨胀压力趋缓时，逐步提高粮食价格。因此，要处理好粮食涨价与控制通货膨胀之间的关系，把两者更好地结合起来。粮食涨价后，对城镇低收入者的影响可通过加大补贴力度来解决。

**4. 把控制通货膨胀与推动资源要素价格改革更好地结合起来**

陈老师认为，2008 年初开始实施的价格管制是应急的措施，对成品油、电力实施的价格管制以及对食品、钢材、水泥等商品实施的临时价格干预措施对于短期抑制高通胀起到了一定的作用。但长期持续的价格管制，不仅不利于消除通胀压力，而且还会导致供给短缺与资源配置不当。在全球化的环境中，资源要素价格扭曲相当于我国对全世界的补贴。从长期来看，一旦通货膨胀压力趋缓，应抓住机遇，理顺资源要素价格机制。

在通货膨胀压力趋缓时，要有步骤、分阶段地推进资源要素价格改革，抓紧做好节能减排工作。我国在"十一五"规划中确定了节能减排的两项约束性指标，但进展情况不甚理想。我国经济发展方式仍然比较粗放，过度依赖能源资源消耗的状况没有根本改变，生态破坏和环境污染的现象还很严重，实现节能减排目标的任务仍很艰巨。理顺资源要素价格，是实现节能减排目标、转变经济发展方式的内在要求。在通货膨胀压力趋缓时，可继续有步骤、分阶段地推进液化气、天然气、电力等资源要素价格改革，利用价格手段促进资源节约，保障市场供应，推进节能减排，把控制通货膨胀与推动资源要素价格改革更好地结合起来。

### 5. 加强金融监管，确保国家金融安全

2008 年上半年，国际金融市场动荡明显加剧，年初美国发生了次贷危机，越南金融状况又持续恶化，一些国家的股票市场和房地产市场价格显著回落。陈老师针对当时国际金融形势复杂多变的情况，提出要进一步加强金融监管。一是强化对跨境资本流入和流出的监管，警惕短期资本流向的逆转，关注国际汇率变化的动向，把握好资本市场开放的节奏和幅度，促进资本市场健康发展。二是密切关注房地产市场的变化和房地产价格的走势，警惕房价下跌带来的信贷风险，保持房地产市场稳定，确保国家金融安全。

### 6. 处理好保增长与调整产业组织结构的关系

陈老师指出除了要继续保持国民经济平稳较快增长外，更重要的是必须处理好保增长与调结构的关系，要更加注重推进结构调整，促进经济发展方式的转变。在防止经济增速过多过快下滑、保持平稳较快增长的同时，还必须十分重视转变经济发展方式。经济增长速度的适度减慢是解决经济增长过快时期积累的问题的机遇。在经济增速减缓时期进行积极的结构调整，可以为经济的长期可持续发展创造条件、积蓄能量。我们应该积极主动地利用增速减缓时期价格涨幅同时减缓的条件，进行经济结构调整，转变经济发展方式，使经济增长速度一定程度的减慢具有积极意义。

保增长和调结构存在着密切的关系，它们的共同目标都是使国民经济保持平稳较快的发展，促进经济发展方式的转变，但是两者的侧重点又有不同。我们必须处理好保增长和调结构的关系，把两者紧密结合起来进行，既要实现保增长的预期目标，又要在保增长中促进结构调整。我们出台的宏观经济政策和实际工作部署，绝不能为了短期的保增长而忽视经济结构的调整，推迟结构调整的进程；更不能为了短期的保增长而进一步恶化经济结构，增加今后结构调整的难度。我们应当使这两者紧密结合起来，相互协调，相互配合。

在保增长中促进结构调整是一个大题目，如何在推进结构调整中保持国民经济平稳较快发展，也是宏观调控和整个经济工作的长期任务。为了使两者协同进行，在当前，重点应该是处理好保增长和调整产业组织结构的关系。

# 三、稳增长，控制通胀，扩大就业①

2010 年被称为"转变之年"或"过渡之年"。2010~2012 年，我国国内生产总值增长速度出现回落，陈老师多次强调这些回落是正常的回落，不会出现二次探底的情况，也不存在"硬着陆"的问题，更不会出现滞涨的情况。强调宏观调控的目标应该是"稳增长"、"稳中求进"，并强调要始终把扩大就业作为政府宏观经济政策、产业政策和劳动力市场政策的重要内容和首要目标，努力扩大就业。

## 1. 我国当前并没有出现"保增长"的国内外经济环境

陈老师指出，尽管 2010~2012 年，我国经济增长速度出现回落，但我国面临的经济形势与应对国际金融危机时有很大不同，因此，宏观经济政策不能由"稳增长"转变成"保增长"。从文字表达看，"稳增长"与"保增长"只有一字之差，但从经济政策上看，却包含了政府对经济形势的不同判断以及宏观经济政策在性质、方向上的重大差异。

第一，国际经济环境虽然对我国经济的发展产生了许多不利因素，但是并没有出现重大的突发性事件。第二，我们还应该认识到，粗放型经济增长方式难以为继。目前，我国已经到了工业化中期的后半阶段，那种政府主导、主要依靠投资驱动的粗放型经济增长方式已经很难为继，要求我们必须从规模扩张向提高整体素质转变。国内外发展环境的变化也迫使我国必须放慢经济增长速度，转变经济发展方式和发展战略。第三，目前我国经济增长速度虽然有较大幅度回落，但还在合理区间，而且在回落中已经趋稳。第四，经济增速的回落使我国经济出现了一些积极的变化，这些变化表面有利于转变经济发展

---

① 主要摘自《稳增长、调结构、促改革》,《人民日报》2012 年 11 月 19 日;《"稳增长"不能重回"保增长"——基于对我国当前经济形势的研判》,《人民论坛》2012 年 8 月;《把握好宏观调控的方向、重点和力度》,《人民日报》2011 年 8 月 5 日;《处理好稳增长、调结构、抑通胀的关系》,《人民日报》2011 年 4 月 6 日;《稳定经济增长,管好通胀预期》,《人民日报》2010 年 11 月 11 日;《推进我国经济迈向新一轮平稳较快发展》,《人民日报》2010 年 8 月 4 日;《保持政策稳定 促进经济平稳较快发展》,《人民日报》2011 年 12 月 21 日。

方式、调整经济结构的宏观经济环境正在逐步形成。

为了使经济增速在回落中逐步趋稳，陈老师指出可以适时适度对这种政策进行微调。比如，在财政政策上，可以对企业采取减税的措施，可以出台各种鼓励消费的政策；在货币政策上，可以采用适当降低存款准备金率、调整利率等措施。可以通过对宏观经济政策适时适度进行微调，增强稳定经济增长的力度，但是不能改变宏观经济政策的性质和方向，更不能由政府主导，增加大量投资来拉动经济增长，力保经济高速运行。

**2. 慎重对待"保增长"的宏观经济政策**

20世纪90年代以来，我国实行了两次"保增长"的宏观经济政策。第一次是在1998年，为应对亚洲金融危机；第二次是在2008年、2009年，为应对美国引起的世界性金融危机。在应对这两次金融危机过程中，政府采取了"保增长"的宏观经济政策，使我国在全球经济受到巨大冲击的情况下，保持了较高的经济增长速度。在这个过程中，我们积累了不少经验，但是也付出了很大代价。

一是加剧了政府主导、投资驱动为主的经济增长方式。进入21世纪以来，我国逐步形成了以投资驱动为主的经济增长方式，投资已成为拉动我国经济的主要动力，特别是进入"十一五"后这种现象更加严重。

二是使投资效果系数大幅度下降。投资效果系数是衡量经济效果的重要指标，主要反映一定时期内单位固定资产投资所新增加的GDP。近年来，投资效果系数呈下降的趋势，特别是在保增长的年份，下降得更加明显。统计数据还表明，在投资规模增大的同时，资本投入的生产效率却在降低，高投入、低效益的问题较为突出。部分资金投入后并未得到充分、有效的运用，投资资金的低水平产出，严重影响了投资效益和质量的提高。而且凡是"保增长"的年份，投资效果系数下降得更加明显，比如，1998年和1999年这两年分别只有19.1%和17.7%，2009年和2010年这两年分别只有12.0%和21.7%。其中2009年投资效果系数为12.0%，处于有历史数据以来的最低水平，即每1亿元的固定资产投资，GDP只增加1200万元，比1996年减少了3320万元，比2006年也要低，即1亿元固定资产投入比2006年少增加1200万元的GDP。

三是增加了调整产业结构的难度。

"保增长"所形成的十分宽松的宏观经济环境,不仅造成了一些产能过剩行业现有产能的释放,而且还刺激它们增加新的产能,加剧了这些行业产能过剩的程度;同时,那些消耗资源高、产品质量差、污染环境严重、经济效益低的本应该淘汰的企业,也因此得以继续存活下来。这就进一步加重了调整产业结构的难度。

四是增加了潜在的金融风险和财政风险。实行"保增长"的宏观经济政策,就意味着大规模地增加投资和贷款规模。前几年,为应对世界金融危机,各级政府增加了数万亿元的投资,而这些投资很大一部分是通过举债的方式来筹集的。据统计,在地方政府的 10.7 万亿元债务中,50%以上即 5 万亿元以上是 2009 年前后 3 年内形成的。"保增长"的政策还使银行的贷款规模空前增大。有关资料显示,为应对世界金融危机,各商业银行发放的贷款总额几乎相当前 30 年的总和。在这些贷款中,长期贷款占了相当大的比重,这就使得潜在的金融风险和财政风险增加。

总之,"保增长"是一把双刃剑,不能轻易出手。我国目前还没有出现需要实行"保增长"的国内外经济环境,因此,宏观经济政策不能由"稳增长"向"保增长"转变。

### 3. 处理好稳定经济增长和调整产业结构的关系

经济增速大幅度回落使我国产业结构不合理,经济发展方式粗放的问题更加显露了出来。长期以来,我国形成了以政府主导、投资驱动为主要特征的产业结构和经济增长发展方式。从"十一五"期间 GDP 的构成看,投资占 GDP 的比重在逐年上升,2006 年占 50.9%,2010 年上升到 69.3%;资本形成率 2006 年为 41.8%,2010 年上升到 48.6%;从投资增长速度看,"十一五"期间投资年均实际增长 21.9%,远高于 GDP 年均 11.2% 的增速;从对经济增长的贡献率看,2006 年,投资对经济增长的贡献率为 43.9%,2010 年达到 54.0%,其中 2009 年甚至高达 91.3%。2010 年虽然出口增速下降的速度高于投资,但是,由于投资对 GDP 的贡献率远高于出口对 GDP 的贡献率,所以投资增速下降,对经济增长速度的影响最大,而首当其冲的就是与其紧密相关的钢铁、水泥、平板玻璃、大型机电设备制造等产业。

我们应该因势利导,推动产业结构的调整。不仅要改变第一、第二、第三产业发展不协调的问题,还必须改变以投资驱动为主而形成的不合理工业内部结构。

要因势利导，调整轻重工业的比重。从20世纪末开始，由于经济发展阶段的变化和投资驱动的影响，我国工业结构出现了明显的以重化工业为主的态势。在1999~2011年的13年间，轻工业产值比重由41.9%下降到30%以下，重工业由58.1%上升到70%以上。重工业的比重比改革开放前还要高。这不仅对我国的能源供给和环境保护造成了极大压力，而且压抑了消费需求。我们要趁投资增速下降的时机，适当降低重工业的比重，使轻重工业协调发展。

要抑制过剩产能和高耗能产业的发展，淘汰落后产能。我国钢铁、电解铝、水泥、造船、汽车制造、纺织服装等行业的产能都严重过剩。我国高耗能产业发展过多、过快。高耗能产业的用电占全部工业用电的80%左右。根据工业和信息化部的统计，炼铁、炼钢、电解铝、焦炭、水泥、化纤等18个行业中落后产能占总产能的比例达到15%~25%。其中，炼铁行业400立方米以下的高炉还有1亿吨，占炼铁能力的20%；水泥行业中落后的小水泥产能有5亿吨，占水泥产能的20%。这些落后产能浪费资源，污染环境，要加快

淘汰的步伐。

要用先进技术对传统产业进行技术改造，加快传统产业的升级换代。世界产业发展的历史进程表明，只有落后的技术，没有落后的产业。纺织、钢铁、汽车、机械等行业虽然是传统产业，但是国外工业发达国家用高新技术对这些行业进行改造后，它们都面目一新，焕发了青春，技术含量和附加值大大提高。我国传统产业的现代化水平还较低，据测算不少行业只有40%左右。我国要加快传统产业技术改造的步伐，提高这些行业的现代化水平，增加自主知识产权，发展知名品牌，提高产品的附加值，增强企业的核心竞争力。

要努力发展新兴产业，增加其在工业经济中的比重。近些年，我国高新产业有了较大的发展，但是总体上看，我国新兴产业在国际分工体系和全球价值链中，大多从事的是高技术产品中的低技术制造环节，产品附加值不高，劳动报酬率低。在扩大新兴产业规模的同时，要促进其向产业链中、高端环节发展。同时，要稳步推进战略性新兴产业的发展，加强对战略性新兴产业关键技术的研究和开发，努力解决其在产业化过程中的各种难题，避免盲目发展，减少市场风险，用战略性新兴产

业抢占未来国际经济竞争的制高点。

要推进产业组织结构的调整，鼓励和支持并购重组，使生产要素向优势企业集中，淘汰那些技术落后，管理水平低，严重浪费资源、污染环境、资不抵债的落后企业。努力发展大企业集团，提高企业的规模经济性，同时要鼓励大企业做大做强，有步骤地解决某些行业的"小、乱、散、差"的产业组织结构，提高行业的集中度，鼓励支持小企业要向"专、精、特、新"的方向发展。不断提高各个行业的整体素质和效益。

**4. 处理好稳定经济增长与深化改革的关系**

要稳定经济增长，并保持我国经济长期平稳、较快和可持续发展，必须深化改革，建设成熟的市场经济体制。在当前特别要加快推进行政管理体制的改革。

从整个经济体制改革的进程看，企业和市场这两个环节的改革虽然也有待深化，但是相比而言行政管理体制改革明显滞后，是最大的"短板"。由于它的滞后和牵制，很多关键领域和重要环节的改革陷入胶着状态，有的甚至还有所退步。这就需要尽快"补短"，推进行政管理体制改革的突破性进展，以它来带动财政税

收、分配、投资、金融、国有企业、资源性价格等领域的改革。

推进行政管理体制的改革除要按照精简、统一、效能的原则，探索新的行政管理体制架构，优化政府组织结构，形成科学的管理组织系统外，更重要的是要简政放权，转变政府职能。政府一切行政活动的终极目标是以最小的负担，让居民获取最大的福祉，即税负和公共服务的最佳组合。"以经济建设为中心"并不意味各级政府直接从事生产经营活动。在政府职能界定中，应始终坚持能由市场做的交给市场做、能由企业做的交给企业做、能由社会完成的交给社会组织完成的原则。政府需要从一个无所不包的系统，逐步变为一个有限并有效地提供公共服务的系统，让市场、社会机制在资源配置和社会有序化方面发挥更多、更大的作用。

近些年，政府对微观经济的干预越来越多，采用行政办法管理经济变得越发振振有词，底气十足。事实已经反复证明，经济问题只能主要采取经济办法解决，动辄采取行政办法控制经济行为是不可取的。行政办法短期看似乎有效，但是它们扭曲了价格信号，违背价值规律，只能使矛盾越积累越多，越来越尖锐，解决起来

也越来越困难，最终会使经济遭受巨大的损失。

我国已经制定了行政许可法，在这部法律出台前后，政府对一些审批制度进行了初步清理，最近国务院又决定取消一部分行政审批项目，但是还远远不够，在经济运行过程中，不仅一些该取消的审批制度还没有取消，而且又出台了大量的新的审批项目。据有的部门的同志反映，民营企业要进入某些垄断行业发展须要盖200多个印章，不仅手续繁杂，而且拖延很长的时间。不加快推进行政管理体制的改革，简政放权，真正转变政府职能，建设成熟的市场经济体制的目标就很难实现，经济也很难保持长期平稳、较快和可持续发展。

**5. 要始终把扩大就业作为政府宏观经济政策、产业政策和劳动力市场政策的重要内容和首要目标，努力扩大就业**

就业问题永远是我国政府、专家学者和大众最关心的社会经济问题之一。改革开放30多年来，由于我国经济高速发展特别是工业化和城市化的高速化进程为我国的劳动者提供了大量的就业岗位，不仅成功地解决了城市人口的就业问题，而且使两亿多农村劳动者从农村转移出来实现

了就业，保持了经济社会稳定的稳定发展，这个成绩是史无前例的。

但是我们也应该看到，我国经济社会发展进入了一个新的时期。我国经济的国际环境发生了很大变化，近几年出口对经济增长的贡献由正数转为负数。我国经济增速回落，经济结构调整力度的加大，也势必给扩大就业带来很多困难。在这个大背景下正确分析扩大就业的有利因素和不利因素，从而提出应对的政策措施十分重要。

第一，要保持经济平稳较快增长。经济增长和失业率呈负相关的变动关系。国外有的经济学家通过对美国经济增长和失业的关系研究表明，在3%潜在GDP增长的基础上，GDP每增长2个百分点，失业率便下降1个百分点；反之，GDP每下降1个百分点，失业率便上升1个百分点。在未来10~15年里，我国有可能保持7%以上的增长率，但是能不能把这种可能变为现实，还要靠我们的经济政策，我们不仅要努力争取7%以上的增长速度，而且要实现包容性增长。避免出现有经济增长无就业岗位增长，或高经济增长低就业增长的现象。为此，我们要继续坚持以经济工作为中心，坚持发展是第一要务的方

针，坚持科学发展、协调发展和可持续发展。

第二，在产业结构调整和产业升级过程中注意发展第三产业和劳动密集型产业。从长远看，我国第一产业的劳动力仍有富余，2010年，我国第一产业的产值占GDP的比重只有10%，但是农村就业人口达到38%，随着工业化、城市化进程的发展，还会有相当大一部分农村富余劳动力从农村转移出来，第一产业就业增长率还可能降低，会继续呈现负增长的态势。我国还处在工业化的中期阶段，第二产业还有较大的发展空间，还会提供较多的劳动岗位。目前我国第三产业的比重还较低，第三产业的人员远低于发达国家，比许多发展中国家也低很多，将来有很大的发展空间，会成为扩大就业最重要的力量。因此，今后除了要继续发展第二产业外，要更加重视第三产业的发展。同时在产业结构调整和产业升级过程中要注意处理好资本密集型产业和劳动密集型产业的关系。不能不顾主客观条件，盲目追求资本密集型产业，特别是中西部的一些地区，在发挥自己的资源优势的同时，要大力发展劳动密集型产业，更多地解决本地的劳动者就业问题。

第三，大力发展非公经济和小型、微型企业。从不同经济类型的就业增长状态来看，自2000年以来，国有部门和集体部门的就业都为负增长，而非国有部门成为就业机会创造的主力。其中，私营企业的就业人数从2000年的1268万人增至2010年的6071万人，年均增长17.0%，居各经济类型之首。紧随其后的是"有限责任公司"，其就业人数从2000年的687万人增至2010年的2613万人，年均增长14.3%。中小企业更是扩大我国就业的主要力量。目前我国有中小企业上千万家，中小企业占我国企业总户数的99%以上。它们不仅为国家提供60%以上的总产值、50%以上的税收、70%以上的进出口额，尤其重要的是，它们提供了80%以上的城镇就业岗位，仅在"十一五"期间，就新增就业岗位4400万个。我们必须继续大力发展中小企业特别是小微企业，减轻它们的负担，为它们的发展创造更加宽松的环境。

第四，调整教育结构，大力发展各类中等职业技术教育。我国的现行教育体系不适应我国产业结构升级和城镇化发展的人力资本需求，在大力扩张普通高校招生规模的同时，中等技术教育的发展严重滞后，导致大批中学毕业生除了上大学外，获得专业技术教育和培训的机会很少。根据国家统计局的数据，在全国教育经费的总支出中，投入普通高校的教育经费占比从 1996 年的 16.26% 上升至 2010 年的 28.98%；而同期中等专业学校的经费投入占比则从 13.18% 降为 7.26%。这一方面导致我国技术工人短缺，另一方面导致非熟练工和普通大学毕业生就业难成为普遍存在的社会问题。要处理好高等教育和中等职业教育的关系，加大对职业教育的投资，同时要鼓励民间投资创办各类中专职业技术学校，培养大批适应我国工业化发展需要的熟练工和技术能手，以满足我国经济现代化对多种熟练技工的需要。

第五，改进和完善积极就业的政策措施。完善再就业的各种优惠政策，加大对实施再就业政策的资金投入。健全社会再就业服务体系建设，建立多种形式的服务机构，提高服务机构服务能力和效率。要进一步加强劳动力市场的网络建设，建立跨省、跨地区的劳动力市场网络建设，通过网络提供劳动力供需信息和招工求职。要开展各种职业培训，特别是对农民工就业技能的培训，要鼓励企业对职工的在岗培训、转岗培训，促进更多下岗职工在企业内转岗就业。政府要通过鼓励大学生创业、设立社会服务岗位、鼓励企业招收失业人员等优惠政策解决特殊群体的就业问题。把推行积极就业政策和完善社会保障制度结合起来，进一步扩大和完善失业保险制度，对失业者进行救济。

（整理者：杨小科）

追思篇

# 追思敬仰继承
## ——永远的陈佳贵同志

2013 年 2 月 2 日，中国社会科学院学部委员、经济学部主任，中国社会科学院原党组成员、副院长陈佳贵同志，因病医治无效，在北京逝世，享年仅 69 岁。这是中国社会科学界的巨大损失，是中国社会科学院难以弥补的创伤，更是我们工业经济研究所的极大哀痛！

我们无法相信，他的音容笑貌还历历在目，身影却永远地离开了我们。在陈佳贵同志心中，工业经济研究所是他永远的"家"，他的离去使工业经济研究所失去了一位学术领袖和永远关心着我们的老领导。陈佳贵同志是从工业经济研究所进入经济学和管理学研究领域的。从 1978 年考入工业经济研究所，师从著名经济学家蒋一苇先生先后获得硕士、博士学位，继而

留所从事研究工作并先后历任研究室和研究所的领导，成为第五任所长，直到 1998 年升任中国社会科学院副院长，陈佳贵同志在工业经济研究所学习和工作了整整 20 年。工业经济研究所是他一生中服务时间最长和付出心血最多的单位。可以说，他把自己最宝贵的青春年华留在了工业经济研究所。

陈佳贵同志虽然担任着重要的领导职务，并且多年担任全国人大常委会委员，但他认为自己首先是一位学者。他学识渊博，思想深刻，一生兢兢业业，笔耕不辍，出版著作 20 余部、发表论文 300 多篇，在企业管理、产业经济、宏观经济等多个研究领域都有丰硕的理论建树，深得学术界同仁崇敬。在企业管理领域，陈佳

贵同志 1988 年就提出了企业生命周期理论,不仅是国内最早的,还比著名的美国管理学家伊查克·艾迪思的《企业生命周期理论》英文第一版早一年;在产业经济领域,陈佳贵同志和他的研究团队在深入研究工业现代化理论和国际经验的基础上,构造了工业现代化水平指数,全面分析衡量了我国工业的现代化水平,这项研究在国内具有开拓性,首次科学回答了我国是否已经实现了工业现代化这个问题;在宏观经济领域,陈佳贵同志和他的研究团队构造科学的工业化水平评价的指标体系和评价方法,计算了我国的工业化水平综合指数,给出了 2005 年我国工业化进入工业化中期后半阶段的结论,这被认为是国内有关工业化水平计算的最权威的观点。还值得提及的是,作为我党的著名经济理论学者,陈佳贵同志的研究生涯中,曾在《求是》杂志和《人民日报》、《光明日报》、《经济日报》的理论版上发表了大量的经济学文章,对党和国家的经济政策发挥了很好的理论宣传和学术支持作用。

陈佳贵从事经济研究的 30 多年,正是我国经济从计划经济体制向市场经济体制转轨和高速工业化时期。陈佳贵同志怀着高度的责任心和使命感,经常深入我国经济改革与发展的第一线进行调研,发现问题、总结经验、参与制订方案、提供对策建议。在理论与实践的结合中,他敏锐地把握了我国经济改革的方向,前瞻性地提出了许多有价值的政策建议。其中一些成果直接提交给党中央和国务院,对推动我国经济改革与发展发挥了积极作用。

陈佳贵同志不仅自身学养深厚,成果卓著,而且是一位卓越的科研组织者。1996 年,他首创和领导编写了第一本《中国工业发展报告》;他倡导创办了蒋一苇企业改革与发展学术基金,两年一度的蒋一苇企业改革与发展学术基金奖已成为我国企业管理学科的最高学术奖;他领导和组织了我国企业管理学界的全国性学术社团——中国企业管理研究会;在担任中国社会科学院副院长和经济学部主任期间,陈佳贵同志推动经济学部和工业经济研究所及《中国经营报》报社共同创办了英文刊物《中国经济学人》(China Economist),现在该刊已经成为国外了解我国经济学者研究成果的重要渠道。20 世纪 90 年代以来,他主编了国内第一本企业经济学教材《企业经济学》以及《经济蓝皮书》、《工业化蓝皮书》、《企业社会责任蓝皮书》、《中国经济学年鉴》和《中国经济研究报告》等连续学术出版物，并组织出版了《中国经济国情调研丛书》、《中国经济改革开放30年研究丛书》等，在国内经济学界影响巨大。

陈佳贵同志不仅是一位学术大家，而且是一名优秀的领导者。他担任工业经济研究所领导期间，治所有方，深得拥护和爱戴。他不仅继承了马洪、蒋一苇等老领导的优良传统，而且不断创新开拓，提出了工业经济研究所科研、咨询、出版、培训"四位一体"发展战略。在他担任所领导期间，工业经济研究所形成了集团化发展的雏形：拥有法人实体机构经济管理出版社、《中国经营报》报社和《精品购物指南》报社，成立了《中国工业经济》杂志社和《经济管理》杂志社。这在中国社会科学院是独一无二的，在全国也是罕有先例的。陈佳贵同志领导风格的最大特点之一是包容开放，公正大气，收放有度，正是这样的帅才之风，奠定了工业经济研究所独树一帜的发展格局。

陈佳贵同志尽管学术活动和行政工作繁忙，但从未因此而忽略他的另一个重要身份——研究生导师和博士后合作导师。对于教学工作，他诲人不倦，循循善诱，严格要求，关心学生生活也是无微不至，堪称良师益友。

作为学术大家，69岁还正值盛年，但天妒英才，不幸早逝。他离开了长期奋斗的社会科学研究事业，离开了敬仰他的同事、同仁和学生们，令人悲痛万分。虽然我们知道，生命的价值不在于寿命的长久，而在于给予社会的贡献，但对于他的离去我们皆悲不能已。陈佳贵同志的巨大成就和令人敬仰的一生，无愧于社会和时代。"学问人生，经世济民，佳作传四海；大家风范，秉公正己，贵德播千秋"，这是他一生的真实写照。斯人已去，思想永存。他未竟的事业一定会得到发扬光大，他所钟爱的工业经济研究所一定会继承他的遗志，传承他的思想，实现他的愿望，以不断创新发展的业绩告慰老所长！

陈佳贵同志永远活在我们心中！

（此文刊发于《中国工业经济》2013年第12期；整理者：金碚、黄群慧）

# 怀念恩师陈佳贵先生

今年，是恩师陈佳贵先生诞辰 70 周年。转眼之间，陈老师离开我们已经一年多了，虽然排山倒海式的悲痛虽已过去，而丝丝缕缕的感念却绵延不绝，往事也经常浮现眼前。

我是 1994 年投入陈老师门下学习的，至今已整 20 年。那个时候，陈老师年富力强，正在工业经济研究所担任党委书记、副所长，师母正在哲学所工作，老师家还在北下关净土寺，陈老师的两个儿子，陈力和陈岳，一个刚工作，一个正在读研究生，风华正茂。那时候，陈老师刚刚开门"收徒"，作为陈老师第一个学生，也是老师指导的唯一硕士研究生，我很是得到了一些得天独厚的"关照"，其中，印象最深的就是逢过年过节时到老师家里去包饺子。几个人围坐在桌子前，一边忙碌，一边听老师讲学问、谈见解，讲一些我们平时听不到也想不到的学术前沿和热点争论问题，既像授课解惑讨论，更像家庭亲友聚会。陈老师的四川口音和饺子的腾腾香味奇妙地混合在一起，温暖了屋内和窗外的街景，温暖了我在外求学的游子之心，也在不知不觉间传授了知识，引导了思路、开阔了视野。这样的场景有多少次，我已经记不清了，但每念至此，那种亲切、柔和的氛围仍历历在目，恍如就在昨日。

陈老师平日里待我们很温和，但要求很严，律己更严，十分讲原则。记得 1994 年三四月，考研成绩已经出来了，从排名看我被录取的可能性很大，但心还悬着，忐忑不安。我辗转找到陈老师的电话打过去，希望能拜访一下老师，其实是希望能加一道"保险"。电话那头，陈老师安静地等我说完，然后"坚决"地表示，根据规定，在正式录取前，导师不能见任何考生，以免干扰招生，同时也明确告诉我，无论是社会科学院研究生院，还是工业经济研究所，都会严格按规定程序录取，如果成绩好，不会被莫名其妙地"挤掉"。老师的一席话使我大为放松，就安心回去继续工作了。等到终于拿到录取通知书，我明白，我遇到了一个正直公正的导师，完全素昧平生，没有请客送礼，我被录取了，而这个录取改变了我的职业和命运。后来，陈老师陆续担任了工业经济研究所所长、社会科学院副院长、社会科学院学部主席团代主席、全国人大常委会委员、全国人大财经委员会委员等职务，有了这次打电话的"教训"，我再没有找陈老师办过私事，没打着老师的"旗号"谋求不正当的评优、保荐读博等，他的那种正气也一直影响着我们，为我们树立了典范。

作为导师，陈老师的辅导很有特点、成效。老师长期担任领导职务，党务行政工作很繁忙，这也决定了他给我们专门授课的时间不多，但会通过其他途径予以弥补。比如除了在日常见面时随时讲解一些问题外，还要求看很多的书，记得第一次见陈老师，他就开出了一个长长的书单，要求定期看完，一些重要的内容要做摘编笔记，可能还会"被检查"。这个要求很有压力，也客观上迫使自己硬着头皮认真地读了一些书。事后来看，这种方式对于研究生阶段的学习也许是更合适的，很有裨益。

陈老师要求我们重视理论学习，但对调研更看重，对研究成果的现实性、可操作性更看重，要求不能空谈、泛泛而谈，而要关注本研究领域的现实问题，言之有物、言之有据、言之有用。我读研的那几年，国有企业改革正风风火火地推进，是改革重点和难点，理论上争论很多，如何在实践中推进，也是各有说法。在这种情况下，陈老师更加要求我们不能闭门造车，不能想当然地"写文章"。老师常年身处科研前沿一线，把握热点焦点问题的能力很强，常常"点题"要求我们学习研究，比如企业集团研究、股份改革研究、国资管理研究、跨国经营研究、产品质量问题研究、名牌战略研究等，很有针对性，也在无形中把我们"拉进"了火热的现实，而没有陷入象牙塔。我想，老师之所以对研究有这样的要求，一方面，固然是因为工业经济、企业管理本身就是需要实践的学问；另一方面，也是更为重要的是，老师有10来年的基层工作经验，农村、工厂都干过，工业经济研究所的工作中，也同地方、部门和企业有大量的联系，深知什么样的理论才是有生命力的，是实践所需要的。老师能够在理论上有突破，多次获得"孙冶方经济学奖"等荣誉，也能够提出很多可直接用于指导实践的创新性观点，我想，这些经历算是他的"秘密武器"吧。

后来，我到别的学校读博，后来又参加工作，不像以往那样频繁见到陈老师，师门的年度聚会也常常迟到早退甚至参加不了，但仍能从各个渠道经常听到老师的消息。特别是我在国家发展和改革委员会工作期间，参与起草每年上"两会"的计划报告，老师那时正担任全国人大财经委委员，要对计划报告进行审议。这样，就等于昔日的学生同老师之间有了新的联系——工作联系，这种感觉是很新奇的。每次参加审议的同事回来，我都会问问老师提了哪些审议意见。听他们讲，"陈委员"讲话不多，但每次发言都一针见血，直中要害，属于建设性的改进建议。听到

这样的评论，我心里由衷地为老师感到自豪。偶尔有些空暇，老师也方便时，我会去拜会老师。每次见面，都会从老师那里汲取营养，既有学术方面的，更有做人、做事方面的。这时的陈老师，严肃的一面减少了，更像是家中长辈，微笑着听你讲话，耐心地开导你，帮你认清路、走好路。从这个角度讲，老师不仅是我学术上的导师，也是人生的指路人。

时间滚滚向前，永不停息，但运行从来不是线性的、均匀的：有的日子一晃就过了，没有留下什么痕迹，好像从来都没有经历过；而有的日子，你会感觉很充实，很饱满，长久地留在你的记忆里。师从陈老师的那三年，就是典型的后者，承载了很多的事情，容纳了很多的信息，让人终身受益。

我的回忆零零碎碎，只是老师丰富人生的一些小点，甚至只是"非典型"的一些散点。我看了网上老师的词条，很全面，尤其是对他的学术思想、主要观点、理论成就和贡献等，认真系统地进行了梳理和介绍。我不知道是谁整理提供的，最大的可能是同门的师兄弟们，他们一向如此，为师门、为大家做了很多，在这里，我向他们表示敬意。

最后，我想说，老师辞世一年多来，持续承受痛苦的是他的家人。我曾经去看过一次师母，空荡的房间仍然有老师工作生活的痕迹，师母比预想中更坚强，精神状态整体不错，虽然也知生老病死乃自然规律，但师母憔悴的面容和疲惫的声音让人心痛，希望他们已经走出来了。

谨此怀想恩师，追思恩师，感念恩师，并恭祝师母康健幸福。

（迪晶，2014 年 10 月 10 日）

# 追忆人生引路人
## ——陈佳贵先生

送别陈佳贵老师已经快两年了，但内心一直很杂乱，想写点东西，又经常下笔无语。1994年冬季，月坛北小街工经所那间朴素办公室里的初次拜见，彻底改变了我的人生轨迹。

我本是一名工科院校毕业生，1985年大学毕业后在唐山钢铁集团公司（大型国有企业）从事技术管理工作，26岁成为公司运输部汽车管理科科长，负责1500台汽车的机务管理工作。根据企业长期发展需要，公司选派我带薪参加脱产学历教育。1994年，在北京科技大学管理学院攻读硕士学位时，我到中国社会科学院研究生院跨校选修名师课程，遇到了我人生的重大转折，在这里，我找到了努力方向——报考工业经济研究所的博士研究生！虽深知

当时淘汰率之无情，但在岁末一个星期五的早晨，我还是坚定地走进月坛北小街2号院，向陈老师汇报了自己想追随先生从事企业集团管理理论研究的想法，得到了先生的热情接待和大力支持，从此找到了事业和人生新的起点。

在工业经济研究所三年的求学生活紧张而高效，主要取得了三个方面的成果：第一，系统贯通了现代管理学、经济学思想理论体系；第二，搭建起系统动力学理论基础上的非均衡企业发展方法论框架；第三，揭开了企业集团技术创新与产业蜕变的内在机制。短时间内取得这些成果与先生高屋建瓴的指引和教诲密不可分。入学初期，我和迪晶同学就加入了先生主持的社科基金"外向型企业集团研究"课题

组，先后深入中化集团、五矿集团等大型国际化企业集团进行调研，撰写了《关于加快发展我国外向型企业集团的研究》（上、下）报告，发表在《管理世界》1996第5~6期；1997年，又在先生的指导下，与杨德林、迪晶合著了《现代企业国际化经营》一书。博士研究进入开题阶段后，先生对选题更是提出了最直接的建议，让我少走了很多弯路。在论文撰写过程中，先生更是呕心沥血，论点、论据、结论逐字逐条指导，提炼升华。说起来惭愧，博士论文中最精华的部分《企业集团技术创新的五种效应》（这部分发表在《中国工业经济》1999年第4期）就是先生在指导论文过程中率先提出来的。可以说，是先生把我引入了企业集团理论研究的殿堂。

除了学术指导，先生对每一个学生的人生和事业发展都给予了精心的指引。还是在求学阶段，先生就多次对我讲，是唐钢培养了我，毕业后一定要回唐钢工作，要对得起企业，那里也是管理实践最好的土壤。博士毕业后，在先生的支持下，我到经济研究所师从张卓元老师从事两年博士后研究工作（研究方向是产业组织理论），之后于2001年5月毅然返回唐钢工作。2002年成为公司首席专家，2003年任

唐钢股份公司（深交所000709）董事会秘书，2006年升任公司董事，并获得研究员职称资格证书，主持了河北钢铁产业重组等重大研究课题，参与组建了国内第一大钢铁集团，用学到的知识回馈了培育我的企业和学校，这多少也是对先生付出心血的一点回报。

作为中国企业管理研究会的发起人、中国最杰出的管理学大师之一，先生不仅拥有深厚的理论功底，更有丰富的实际管理经验。在到工业经济研究所学习、工作之前，先生就在一家大型企业工作近十年，长期担任生产经营部门负责人。在担任工业经济研究所和社会科学院领导期间，先生也一直注重管理科学理论与管理实践相结合，与国内众多知名企业保持良好的合作关系。2003年，唐钢集团王天义董事长提出，企业发展离不开理论指导，能不能请陈院长做唐钢股份的独立董事。我当时对这个问题真没有底。先生的学术和社会活动都很多，再抽出时间为我们这个企业的发展指引方向真是强人所难。但令我没想到的是先生一听到这个事情就爽快地答应了（在中组部出台有关规定后辞职）。我知道这里面有先生对我工作支持的良苦用心，但更多的是对企业发展的理

解与支持！

作为先生早期学生之一，我接受先生教诲和影响的时间比较长，可以说吃了很多"小灶"。2003年，先生主持中国社会科学A类重大课题《中国工业现代化问题研究》时还邀我参加，承担其中《中国钢铁工业现代化问题研究》子课题部分的研究工作。我知道，这是先生在鞭策和鼓励我工作之余不要荒废学术研究。2009年，河北省安排我赴美国布朗大学做高级访问学者一年（研究方向为金融工程），先生非常支持，并亲自为我饯行。这让我感觉到，先生时时处处都在关心着我的成长与发展。最近的20年，或许已成为自己人生最重要的一段成长历程。

天妒英才，正值人生和事业巅峰的先生竟然患上了不治之症！群慧师弟在最早的时间通知了我这一消息，真的不敢相信！在医院，即使在人生的最后几天，先生仍在病床上修改文稿，我为先生的学术精神所震惊，也看到了一个真正的男子汉形象！

虽然先生已经离开了我们，但多年的熏陶已经在我们身上打上了深深的烙印！严谨的治学精神和人生态度永远指引着我未来的成长之路。

先生之精神永存！

（张建忠，2014年10月10日）

# 追忆授业恩师陈佳贵先生

时光飞逝，转眼间我的授业恩师陈佳贵先生已经逝世一年多了，一直想写点什么来纪念我尊敬的老师，却总担心自己这支拙劣的笔，因为总做干巴巴的数据，不但写不出什么生花的文字，反而会惊扰恩师在天安息的灵魂。但心灵深处的悼念和想写又写不好的愧疚却日益浓烈，直到有一天重新翻阅老师给我的几部拙著题写的序言，我感怀万千，黯然神伤，恩师的音容笑貌和历历往事终于如洪水般涌现脑海，把我的思绪拉回十八年前。

我来自湖南的一个小县城，中国人民大学硕士毕业后曾报考某知名高校的博士，考试成绩专业排名第一，最后录取时，系里却告知我那年不招应届生，录取的是某部委的司长大人。最终我无能为

力，只好在北京临时找了个单位工作了一年。这一年住半地下室、啃方便面，可谓标准的"北漂"，但又不甘就此漂流沉浮，于是再次萌生了考博士进行深造的念想。

中国社会科学院是我们经济学子心目中最神圣的科学殿堂，当时陈佳贵老师已经是著名博导、经济学家、工业经济研究所的所长，圈内人都称赞他为人正直，招生只看考分和基本素质，从不趋炎附势，招收权贵作为门生。于是我鼓起勇气给陈老师寄了一本自己读硕士时出版的书籍，并附信表达了自己想报考他博士的愿望。没想到陈老师很快给我回了电话，鼓励我积极备考，并详细介绍了招考的具体流程与要求。

天遂人愿，经过努力，我终于考到中

国社会科学院工业经济研究所，成了陈老师1997级的博士研究生。社会科学院果然是学术的神圣殿堂，大师辈出，工业经济研究所更是群星璀璨，著名经济学家马洪先生为该所第一任所长，蒋一苇、周叔莲、张卓元先生先后担任第二至第四任所长，而陈佳贵先生则为第五任所长。陈老师自己治学严谨，自然对学生也要求严格，我们也不敢自甘堕落而损害师门声誉，虽然没有悬梁刺股，但挑灯夜读、通宵达旦也是经常的事。

在学术研究方面，陈老师的思想极为开放，因材施教，不拘一格。陈佳贵先生是国企改革与现代企业制度研究的权威，在此方面发表了大量研究成果，提出了很多开创性的观点和政策建议。但他常对我说，你们年轻人不应再嚼前人嚼过的渣滓，应当多研究新事物、新现象。在三年的授业解惑中，他发现我对证券市场十分感兴趣，于是鼓励我钻研证券市场监管论。经过三年努力，我撰写了《论大股东股权滥用》的博士论文，这在国内当时是较早系统研究上市公司掏空现象的专著。2000年，我把论文整理成专著出版，陈老师又为我欣然提笔写序，鼓励我继续探索。

博士毕业后，我考入深交所博士后工作站，成为了深交所首批博士后研究人员。离开北京前，我去他家里看望他和师母，陈老师十分高兴，再三叮嘱我好好做研究，不要人云亦云。那时，陈老师已经担任社会科学院副院长及全国人大常委，公务繁忙，虽然总能在"新闻联播"看到他的身影，但当面接受教诲的机会少了。不过每次回北京我还是争取去社会科学院看望他，不管多忙，他总是抽空和我聊聊，上到宏观经济及研究进展，下到深圳的餐饮伙食，见面时间虽然短暂，却让人感到温暖。

2002年，我博士后研究工作结束，进行博士后论文答辩，当时我写的是股票期权制度设计及会计核算方面的论文，国内研究这方面的人员很少，深交所对这个课题十分重视，希望推出这套激励约束制度，于是我只好请陈老师再度出山。陈老师欣然应允，并专程飞来深圳主持论文答辩。

深圳的七月已经是酷暑难耐，我去宝安机场等候陈老师。陈老师叮嘱我说，以前去深圳，市政府总是派人接待，但这次来深圳是为你论文答辩办私事，就不惊动当地政府了，让我去机场接他即可。当我到达大厅努力张望时，陈老师已被如织的人流推到了大厅外。几经周折找到陈老师时他已经汗流浃背，我内心的愧疚难以言表。

博士后毕业后我到深交所公司管理部工作，陈老师公务更加繁忙，我只能通过电话偶尔与他交流。陈老师十分关注上市公司质量、中小板创业板的发展与规范问题，我也尽量抓住难得的机会向他汇报上市公司监管的政策动态。2009年底，我从深交所辞职至东海证券，并举家迁徙至上海，陈老师来上海出差时，我还有幸陪他用过两次晚餐，在觥筹交错之间，灯光烛影之下，我感觉他老人家的白头发多了很多，真是案牍劳神，岁月不饶人啊。

2013年2月2日是我们陈门弟子刻骨铭心的一天，早晨8时49分，我们敬爱的恩师陈佳贵先生在北京逝世，享年69岁。北京早春，天气依旧寒风凛冽，呵气成冰。陈老师的追悼会在八宝山革命公墓举行，陈门弟子齐聚一起，送恩师最后一程。鲜花拥簇，哀乐低回，当我们列队护送陈老师的骨灰至灵堂安置时，恍若隔世。我想起了臧克家先生纪念鲁迅先生的一首诗《有的人》中的名言："有的人活着，他已经死了；有的人死了，他还活着。"同样居庙堂之高，有的人利用职权中饱私囊，身陷囹圄，而同样身居高位的恩师陈佳贵先生却一生清廉，桃李芬芳。追忆恩师，不由扼腕长叹，赋诗一首，以纪念十八年来的师生情谊：

一十八载弹指间，似见音容昨逝颜。
两袖清风离世界，一身正气驻人寰。
春播桃李三千圃，秋收硕果满菊园。
斯人虽逝情常在，泪洒祭日汇诗篇。

（段亚林，2014年10月）

# 怀念陈老师，发展工经所

陈佳贵老师突然辞世已有近两年了，在这期间，中国社会科学院工业经济研究所也顺利完成了新老交替，诞生了新一届非常年轻的领导集体。我在工业经济研究所已工作 20 多年，先后作为陈老师的同事、下属和学生，跟陈老师一起工作了多年，借此机会将一些往事记录下来，期望能够对工业经济研究所的同事、学生和领导有所借鉴，期望我们工业经济研究所的全体同仁能够共同继承陈老师的优良传统和作风，共同努力把工业经济研究的事业发展壮大起来。

## 一、能否写出文章，重在如何指导

我是 1993 年 9 月以回国留学生的名义进的工业经济研究所。记得我刚进所不到一个月的时候，室主任周老师找我，说所里领导想知道我的写作能力，能不能先写一些东西。让我随便写，给大家看看，不急着发表。写出来之后可以征求大家意见。我大概花了一个月时间，写了一篇 8000 字的"建立现代企业制度的意义"的东西，谈了一些自己的随想和看法，自己也清楚这还不是一篇文章，但在室主任的催促下，我就交了。周老师看了之后，让我复印几份分别送给了各位所领导。一个星期之后，一位领导指导我，让我多看看《资本论》，好好看看《反杜林论》，好好学习学习经典著作，打打理论基础。并且明确告诉我，先不急着写东西，先把理论功底打扎实，文字表达能力也要提高，遣词造句和文章布局能力还需要形成。他询问了一下我在国外留学的情况，要求我把中国研究生阶段学生要看的理论书籍都看了，好好补补理论课之后再写文章。和领导谈完话之后，我的心一下子就悬了起来，我应该看什么书，如何去看，如何培养写作能力，一头雾水。自己还真不知道如何写出一篇可发表的文章。领导要求看的书，与我写的内容毫不相干呀，我如何做才能夯实理论功底、形成写作能力？我开始怀疑起我进社会科学院从事研究工作的决定是否正确了。

正当我犹豫是离开还是留下的时候，大概又过了一个星期，陈老师把我叫到他办公室，他也看了我写的东西。他拿出我写的东西，我发现前两页上有许多修改。他开始和我一起一字一句地读我写的原文，然后告诉我为什么要修改，他说整篇文章都有类似的文字表达问题，让我回去按照他的这种方法全部修改一遍。然后他和我一起开始分析我写的内容，分析各个

部分的中心思想，分析各个部分内容之间的关系。在分析过程中让我一步步地明确了我想要表达的中心意思，并发现了自己表达得是否到位、论述得是否深入，在明确各个部分的大意之后整个文章中内容的上下关系、先后顺序也就显示出来了。最后我们一起确定了整篇文章的题目、各个部分的顺序、每个部分应该突出的重点，并且也明确了每个部分之间如何前后呼应。陈老师这么一点拨，一篇思路清晰、主题明确、观点突出的文章在我脑海中形成了。当我离开他办公室正要出门的时候，他又补充一句，字数要压缩到5000字左右，修改好之后直接寄给《人民日报》社。

天哪，在我心中压了一星期的石头突然掉落了，并且还有可能在《人民日报》上发表。我几乎是在地狱和天堂之间徘徊了一阵。回家之后不到两个小时的工夫，我就把文章修改好了，第二天就打印出来寄给了《人民日报》社编辑部。等了大概不到一个月时间，《人民日报》社编辑部来信说我投的文章拟采纳，拟在《人民日报》内部参考上发表。

现在回想起来，如果没有陈老师的指导，我就可能离开社会科学院去企业工作了。陈老师指导学生值得借鉴的地方是：

一是就地取材，你写了什么他就使用什么，并在其上修改和归纳、总结、升华，使文字表达通顺和有深度；二是在修改过程中让你认识到自己的问题、逐渐形成遣词造句、准确表达思想的能力；三是给予明确的用途指导意见。如果不是陈老师当时说投给《人民日报》，我还真不知道这样的东西和行文风格，应该在什么地方发表。

## 二、发挥特长，委以重任，先行发表

在我有文章发表之后，所里资深老师都来找我参加他们的课题，我就很快变成所里的一个大忙人了。陈老师在指导课题任务完成的时候，也有自己的风格。总结起来，就是尽可能发挥你的长处，委以重任，共同讨论，独立写作，鼓励及时发表。

记得在 1996 年，陈老师主持的《中国城镇职工社会保险问题的研究》课题让我参加，我当时对社会保险问题一点接触都没有，我说我恐怕做不了这个课题。陈老师说，让你参加进来是想发挥你的优势。你不是写了一本《最新财务分析指南》吗？说明你在财务方面是很有研究的。中国现在想推行部分积累制度，这种制度未来会形成多大的养老金资金缺口，目前没有人能计算清楚，你可以来算一算。他这样解释，一方面肯定了我在财务分析领域的研究成果（至少说明他看过我的研究成果），

另一方面也让我觉得尽管我是一个"门外汉"，但我参加这个社会保险的课题也是有用处的。后来事实证明陈老师的选择没有错，并且有点出奇制胜的味道。因为我写的关于中国养老保险模式选择的内容在国际社会保险领域最权威的杂志《社会保险评论》（用英语、法语、西班牙语同时出版）上发表了，关于部分积累制的可行性及其资金缺口的计算的部分，投稿给《经济研究》，尽管没有被采纳但被其副刊《经济研究资料》刊登了。

陈老师组织课题研究时，首先委以重任，要求每个人独立承担一部分写作任务，独立完成写作。但在课题调研和讨论时，却要求所有成员参加。一开始我不是很理解，因为医疗保险问题与我研究的养老保险问题关系不大，参加相关方面的调研和讨论是一种时间浪费。但后来我发

现，他的这种安排很有道理，一方面使课题组成员对整个课题的内容和进展都有了解，另一方面在写作过程中遇到什么困难和问题，可以和其他成员商量，使自己感到并不是在孤军奋战。这种安排一方面能够让课题参加者独立思考、独立创造，最大限度地发挥自己的作用，另一方面也能够听取课题组其他成员的意见，借鉴其他成员的智慧。还有一个好处是，如果课题组人员变动，其他人员也能够很快顶上去。在课题进度的控制上，陈老师主要通过召开课题组内部讨论会和小型研讨会的形式逼迫课题组成员按时交稿。因为在讨论会上每个成员要公开向课题组其他成员汇报和交流。

陈老师主持研究课题的另外一个特点，就是鼓励大家先行以个人名义发表研究成果。这和许多主持课题的老师有很大的不同。当陈老师发现课题报告中有一些思想、观点或者火花的时候，他会找你谈让你组织成一篇文章发表，不要太顾忌观点

是否经得起他人推敲，只要经得起课题组成员推敲就行。这就使得参加陈老师的课题，总会在课题进展期间有成果发表。但这种做法在其他一些老师那里行不通，我曾经在 1998 年这样做了，一位老师非常生气地对我说，最终报告都没有出版，你怎么能先以个人名义发表？现在回头来看，陈老师的做法是正确的。因为，陈老师的课题除了最终成果之外（一般是一本专著），还有大量论文在社会上流传。相反，不让先行发表、最后以专著的形式出版最终成果的课题，留下来的东西并不多。并且专著常常是在课题结束之后的 1~2 年出版，那个时候专著中的许多观点已经不新鲜了，专著也就没有多少人看了。

陈老师主持课题还有一个特点，每到课题结束之后，总是要召集课题组所有成员开一个关于课题经费使用情况的说明会。陈老师会让大家了解课题总经费，经费的使用和结余情况，并和大家一起讨论结余经费的处理意见。

## 三、关心员工前途，支持员工实干

陈老师担任工业经济研究所书记时，为了处理所里的各项事务，他推掉了许多外出做报告、做讲座、做企业课题的机会。他经常在办公室上班。这就使得他一方面有时间和精力去为所里的发展操心，另一方面也有时间和员工谈话，为员工的发展和前途操心。

记得在 1995～1997 年，我被指定为中国企业管理研究会的具体管理人员，在陈老师的直接领导下工作，从近距离感受到了陈老师的领导风格。总体来讲，他能够做到直面矛盾、主动谈心、勇于开拓、敢担风险。例如，在住房分配、职称评定、职务晋升等关系到每个人切身利益的时候，他都能够采取不回避的态度，主动找相关员工交流。在和他交流的时候，他能够让你觉得所里的处理结果是合情合理的。记得在 1995 年，我们研究室要提一名副主任，陈老师就主动找我谈话，告诉我另一位同事进所时间比我长，尽管你们两个成果都不少，但所领导研究认为应该先考虑他，我的问题以后再考虑。还有一

次，院里分到所里两套住房，有一套房子在我和另外一位同事之间考虑，当时我刚评上副高职称，还有另外一位同志尽管职称比我低但工龄比我长、年龄比我大很多，让给予理解。尽管这两件事情的决策对我都是不利的，但陈老师能够直面矛盾，真诚地把所里的实际情况和可能会出现的决策结果事先对我讲，让我对所里的最终决定没有什么意见。

除了能够关心员工、直接和员工交流之外，陈老师还能够充分信任和依赖员工，充分发挥每个员工的工作热情和积极性。1995 年所里安排我负责中国企业管理研究会工作，让我能够有一个锻炼和发展的机会。当时我接手的时候，研究会账上只有 1708 元现金，每年只开一次研讨会和理事长会议，研究会会员也主要是财经院校管理系主任，没有企业会员，也没有多少实质性活动。陈老师希望我发展一些企业会员，开展一些学术活动，使研究会成为产学研结合的阵地。我当时除了年轻、积极主动工作之外，没有做社会工作的经

验。对我来说，这是一个很大的挑战。

我首先做发展企业会员的工作，以改变会员结构。我提出发信邀请企业会员加入，陈老师马上同意。我提议以某个威望较高的领导的名义邀请企业家入会，以区别于社会上以各种协会名义的活动，陈老师也马上同意。当时马洪是会长，我建议以马老的名义邀请。陈老师分析说："现在企业对以研究会名义乱收钱很反感，我们不是这种情况，但也不排除一些企业家这么看。有的企业还给中央领导写信，如果他们说三道四，就对马老的名声不好，还是以我个人的名义邀请吧。出了问题，我可以直接出面解释。"就这样，我就组织发了1000份邀请信，有300多家企业同意入会，其中包括邯钢的刘汉章等。于是研究会的会员就在过去200多个院校会员的基础上增加了300多家企业会员，之后我就开始组织一些产学研相结合的活动。一方面每年组织召开2~3次产学研结合的研讨会，同时召开1~2次国际学术研讨会，经过两年多的发展，研究会的工作有了很大起色，资金状况也有了很大改善。记得在1998年移交研究会的时候，账上已有了20多万元。

为什么我在负责研究会工作的时候，能够作出一些成绩？回想起来，有以下几点：一是我能够随时在办公室找到陈老师，他常常坐镇办公室，大胆鼓励和放手让你去工作。我记得无论什么时间到所里，都能够发现他在办公室，有机会和时间与他深入沟通和交流，商量和决定有关事务。在这种状态下，研究会想做活动都能够很快得到决策。二是陈老师不但能够坐镇办公室商议和决策，而且也善于接受新观点、新事物，能够鼓励我去大胆地干。记得在1996年一次产学研研讨会上，与会的学校和企业会员建议组织出版一套现代企业经营管理知识更新丛书，会员学校作为教材使用，会员企业作为迎接21世纪的知识更新工具使用。陈老师马上就接受了这个建议，并让我负责实施。在讨论丛书内容的时候，我建议增加一本关于资产经营和资本经营的书，在我的说服下，由北京几个高校管理系主任组成的选题小组老师同意了我的意见。但回到所里之后，有同事却提出了质疑，这本书就只好从丛书中拿了下来。我心里很郁闷，但陈老师给我做了解释，他说他同意我的看法，资产经营和资本经营肯定会越来越受到重视，但现在放到丛书里作为教材使用时机还不成熟。主要原因是这方面还没有形成完整的知识体系。他的解释一方面打消了我的疑虑，另一方面也使我认识到，陈老师时刻关注着企业管理的最新发展，善于和勇于接受新观点、新事物，不将新观点、新事物一棒子打死。丛书于 1997 年出版了，非常遗憾的是在 1998 年全国范围内掀起了关于资产经营和资本经营的大讨论，但我们的丛书中却没有这方面的内容。

陈老师担任工业经济研究所主要领导的时间非常有限，也就是短短的三四年时间，但在这几年中工业经济研究所却获得了较大的发展。回头来看，充分发挥和调动每一名员工的积极性，放手让员工积极开拓、大胆工作，有时间和员工讨论工作和决定事情，是陈老师在现有体制下能够取得突出成绩的主要做法。现在，时间已经进入 2014 年，工业经济研究所已经形成了新一届领导班子，摆在他们面前的是一张白纸，他们有机会、可能和能力绘出各种美丽的图案。

（张金昌，2014 年 10 月）

# 忆恩师陈佳贵先生点滴

离获知陈老师病重的 2012 年 10 月，已经一年多了。一年前，所见的陈老师，行若常人，谈起病情，平静坦然。时光流逝，今天，我依然挥之不去那种仿若梦中的别离情绪——想起陈老师，仿佛陈老师仍然在京城某个角落，始终在忙碌于学术会议活动，或在灯前认真准备发言稿，就宏观经济、产业经济和企业管理的各种重大现实问题发表有针对性的见解——恩师离我们既远又近。

回想起来，自己跟随在陈老师左右的时间，是那么有限。如果时光可以倒流，我最大的愿望，是可以和恩师面对面多讲一些话，了解恩师更多一些，聆听恩师教诲更多一些。而现在，唯从弥足珍贵的记忆片断里，将陈老师做事为人的精神，记于文字，聊以作为对恩师的追念了。

陈老师，是一位意志坚强的人。跟随陈老师开展课题研究工作时，屡屡能感受到陈老师在立场观点上的坚定性。有时，课题讨论中，大家讲到有什么思路可能获得数据，但也存在一定的工作难度，需要一定的时间投入。陈老师听了就会说，去做吧。对于原本应该尽心尽责的工作目标和任务，陈老师始终是一种无条件担当和不遗余力的态度。2008 年秋季定在重庆召开中国企业管理研究会年会，那一年，受汶川地震影响，重庆方面有些顾虑，担心有余震，问会议是不是要改期？陈老师表示，该做什么就做什么，会议如期举行。闲聊间师兄讲到，陈老师的工作习惯是，日程表里排好的计划，基本雷打不动。

陈老师的坚强性格，在他生命的最后一段时光里，亦表现得淋漓尽致。病情来得突然，陈老师却是冷静从容的。在入院前的那些日子里，他像平日一样，或伏案写作，或参加会议，丝毫没有为病情拖累的懈怠和颓废。师母说，老师知道自己病情后，在散步时与她说，也只轻描淡写地说了一句：这一关，我可能过不去了。入院后，陈老师见我们时，也只是轻言细语地说：这种事，见得多了。后来，师母告诉大家，老师的体检结果，两年前就有异常了，而老师将体检报告装在随身的公文包里，回家压根没提这事，该怎么工作还是怎么工作。面对工作，陈老师之所以能够如此坚强和坚定，就是因为他将个人的事看得很小、很轻，全心全意、无怨无悔地将自己奉献给了工作和事业。

陈老师，还是一位务实创新的人。早年的陈老师，在西部的一家国营企业单位计划部门工作多年，掌握了企业管理方方面面的基础知识。从事研究工作不久，他提出了企业生命周期理论这样极富原创性的理论思想。随后，他投身于改革开放初期企业改革理论研究，多年来，他的研究主题始终紧扣中国社会经济领域的重大现实问题、前沿问题，不断延伸，不断发展。20 世纪 90 年代，在搞科研的同时，陈老师负责研究所行政管理事务，又将研究工作中务实创新的思想方法移植过来。陈老师的理念是，做工作，应该不断创新，每年要有新的建树。在所里，陈老师开创了像第一份《工业发展报告》这样的多项"第一"事业。

对新生事物，陈老师时常抱有激情和热情。闲聊间陈老师多次和我们讲到过，在中国证券市场起步阶段，参与过股票投资活动。虽然投资金额不大，但对那整个过程的回忆中，老师心底跃跃欲试的企业家般尝试有不确定性的创新性活动的激情溢于言表。作为学生，我时常能够感受到，在陈老师身上，求真务实和创新进取这两种精神力量是紧密结合在一起的。虽然陈老师已经离我们而去，但他留给我们的宝贵精神财富，会一直伴随我们前行。

陈老师，更是一位格外看重师生情谊的人。师从陈老师，转眼已经 15 年了，从来没有听到一句陈老师批评的话。平日里，他总是那样静静地听着学生说话，时不时微笑着说一些指导和鼓励的话语；该提要求的，也是以很平和的方式说出来。在关系学业的重要事情上，陈老师会流露出护犊之情。学生毕业答辩，陈老师会坐在旁边旁听。程序上，有一个介绍答辩人的环节，可以是指导老师介绍，也可以由学生自己陈述或答辩秘书介绍。陈老师常常坚持由他自己来非常认真地介绍学生情况和个人特点。陈老师 60 岁寿诞那一年，学生们聚在一起为陈老师举行热闹的庆贺。席间，请陈老师发言时，陈老师站起身，眼睛里便含了泪，开口说的话，竟然先是感谢我们这群学生给予他的情分。言语间，陈老师并没有将我们视为后生晚辈，反而视为朋友。那一刻，年轻的我，尚不能够完全理解陈老师的情深意切，只知为陈老师那份真挚之情动容、落泪。

2008 年，追随陈老师赴河南平顶山一家民营企业进行国情调研。老师的一位本科同学任老先生从国有企业厂长职位上退下来后，被这家企业聘为高级管理人员。那时候，老师刚从领导岗位上退下来不久，因而也能得空和我们同行，我们因此得见陈老师和任老先生细数 40 多年前在人大的同窗往事，颇有趣味。任老先生是一位身形瘦弱、话语不多、品性正直、敬业自律的人，是一位令人敬重的企业管理专家。不幸的是，此次调研后不到几个月时间，就听闻任老先生查出身患绝症。后面我们到企业作补充调研时，还到病房与任老先生道别。从病房出来，我们不禁嗟叹命运弄人——如此善良的人，为何不能久长？万万没有想到，仅数年间，陈老师也离我们而去。而今，唯有真心祝愿白首同归的两位老先生泉下有知，再续臼杵之交、鸡黍深盟。

回想陈老师，想起的是这些点点滴滴在伤感回忆中又充满温情的小事情。每每想起这些小事情，就忆起恩师的为人处世风范。我相信，陈老师的意志坚强、务实创新和重情重义的高尚品格，会一直在我们漫长的人生道路上，陪伴我们、感染我们、教化我们的。

## 缅怀恩师

——与同门于恩师逝世一周年追思会上

在这同一河流之畔

是什么让你我伫立

果木扶疏茂草霏靡

在这同一河流之畔

是什么让你我相惜

濯缨濯足见贤思齐

在这同一河流之畔

是什么让你我悲泣

逝川流光苍狗白衣

在这同一河流之畔

是什么让你我希冀

有志未酬壮心不已

（余菁，2014 年 1 月 19 日）

# 暖　意

怀念恩师，

心里寄托着无尽的哀思；

感念师恩，

心里又涌现出无限的暖意。

**——题记**

我不能想象

您一向沉稳的脚步

为何有如此匆匆的步履

我不能想象

丹桂飘香时节的相聚

竟成永恒的回忆

凛冽的北风咆哮大地

冻彻的不仅是我的手脚

更是我已达冰点的心

多么希望

这原本只是一场噩梦

醒来后依然天高云淡月朗风清

多么希望

时光瞬间倒流

定格在那美丽的田园与宁静的书乡

手机上您的电话号码历历在目

能够跨越万里的无线电波

却再也无法传递您的讯息


只能从那些散发着墨香的文字中

去感悟您深邃的见解

思想的高度

只能从您送我那个亲手摘种的小葫芦中

去体味您朴实的情怀

豁达的心胸

就像那漫天绚烂的晚霞

短暂但却辉煌

世界因您而精彩


耳边依稀又传来

您谆谆的教诲

切切的叮咛

眼前依稀又浮现

您和蔼的面容

慈祥的眼神

就像冬日午后那一缕暖阳

照亮着我前行的路

温慰着我感恩的心

（刘刚，2014 年 1 月 16 日）

# 以行见知润泽心田
## ——追忆吾师陈佳贵先生

转眼老师逝世一周年了，一直想写一些心里话念给老师听，就当是同老师再聊聊天、说说话，汇报一下学生的近况。刚提笔，同陈老师生前最后一面的场景就浮现在眼前，不觉泪水模糊了两眼，但又在心中流淌着温暖，耳边响起那熟悉的声音。这是老师对学生的最后一堂课，也是一生修行的课。

## 尊敬的人生必修课

2013 年 1 月 26 日下午 3 点钟到医院去看陈老师，是陈老师逝世的前一周。当时陈老师坐在沙发上，有些微微的咳嗽，但精神不错，闲聊半小时后，恰逢中国社会科学出版社领导送来陈老师的学部委员文集，书香弥漫在病房中，这是陈老师生前的最后一本书。尽管陈老师的咳嗽是源于癌细胞对肺部的侵袭，尽管自己处在生命的边缘，尽管身体极不舒服，但陈老师还是不忘对出版社付出的努力表示感谢，同时又询问了出版社的发展和同志的成长情况，他对每一个人的情况记忆是那么清晰，其中的一位年轻同志备受鼓励。虽然病痛时刻折磨着陈老师，但他还是将笑声和力量带给了大家。

送走出版社的领导后，又同陈老师坐

了一会儿，他抬了抬手，用眼神示意我把书拿过来，面带微笑地翻了几下书，这是对自己工作成果的微笑，接下来又是一阵剧烈的咳嗽。我们都劝他躺在床上，他还是坚持坐着跟大家说说话，还在讲你们都很忙就不要过来了，并嘱咐大家工作之余，不要忘记健康问题，丝毫没有谈及个人的病情。转眼到了4点多钟，在大家坚持下，把陈老师扶到了床上。为了不打扰他休息，我们就准备告别了。这时陈老师躺在床上稍稍转过头，目光投向大家，右手微微抬起，扬了几下手掌，在向我们示意再见。没想到这是最后的再见。

尽管陈老师在学界拥有很大的影响力和很高的学术地位，在行政上位至全国人大常委、中国社会科学院副院长。但是，陈老师对每一个人没有架子，寥寥几句话就可以拉近同大家的距离。因为，在他心里一直保持着对每一个人的尊敬，保持着对他人的考虑，而不仅仅是从自身出发。自己身体很难受，他也没有躺下，而是坐着，没有把痛苦和不悦倾诉给别人，考虑的还是大家，留给他人的还是笑声、关怀和力量。哪怕是极端不适，还不忘目送大家，给大家礼貌的告别。

在生命的边缘，老师还能够用行动来教诲学生，用心力来启蒙学生。让学生再一次真正懂得尊敬的含义，这是一个人一生的必修课。因为，只有懂得尊敬，才能明白做人的价值，才能够拥有成长的动力。

## 无微不至的关怀

"夫妻两地分居"，这是很多外地留北京工作的人都要经历的。博士毕业后，我就留在工业经济研究所工作，夫人还在新疆兵团统计局工作。转眼就两年多的时间了，一年也就有两次能够团聚。一次在课题研讨会结束后，陈老师就问起，你夫人现在还在新疆工作吧？她专业和职称是什么？我说，她是中级会计师，目前在做企业调查工作。然后，陈老师也就没有说话了。我们又开始聊起课题研究的事情，过了一会儿，他突然说，你可以同院里计财局联系下，他们好像正在招人，并让卫星帮我打个电话。最后，在陈老师的关心下，我爱人的工作解决了。这对我们家庭而言，是一件大事，也让我在北京有了一个完整的家，能够更加安心和开心地工作。老师在百忙之中，还不忘学生的琐事，并站在学生的角度给予关注，并帮助解决，这让学生如何来说？我也只有学习先生的行为，来对待自己的学生。我想这也是一种师承吧。

我做事情比较着急，急起来就会说一些气话和过头话，也不讲究工作的方式和方法，容易伤到人。记得 2008 年企业管理年会上，又犯了急躁的老毛病。因为参会人数众多，工作量大，不免就有些着急。这一点被细心的陈老师觉察到。刚好，在会议间隙，我的硕士老师孙明贵教授和师兄黄群慧，加上所里的黄速建和李平老师都在。陈老师就把我叫到会议室，专门来谈这件事情。一开始，他就说今天在座的都是你的师长，有你两位老师，单位的领导和你的师兄，也没有外人，刚好借这个机会谈一谈你的急躁。

他说，"我早想给你来谈谈，但是怕你压力大，就让你群慧师兄转达这个意思。

刚好今天有这个机会，就当面谈一谈，人的脾气想改，非常难，但因为要与人相处，就得改。比方说，我在所里的时候也是有一些脾气的，一些事情说做就做了，但是到了院里工作环境变了，涉及的面更广了，所以自己也是在变，变得缓和一些了。"再者，"有些事情你已经都做了，发脾气说出来，反而做的功都没有了，还会伤到人。"最后，又讲王钦你要真改，是困难的，也是需要下决心的。

当天晚上，晚宴结束陪陈老师上车返回酒店，就在上车时他又拉住我说，今天的事情，你不要有压力，大家给你指出来，是真的关心和爱护你。这是九月的事情，转眼就到了春节，我和夫人到老师家拜年，我还和老师开玩笑说，陈老师您看我是否改了一点。他笑了一笑，没有回答。老师当时的话，至今仍在耳边回响，当我急躁的时候，就时时提醒自己，冷静一下，并以我的行动来见证老师的训导。我想当他看到学生急躁毛病的改变，一定会很高兴的。

# 格物致知的教诲

客观的判断。这是在同先生做研究时，他常说的一句话。我们的研究一定要作出客观的判断，只有判断准确了，才有可能提出符合工作实际的政策建议。关于中国工业大国基本国情的判断，中国工业化所处阶段的判断，等等，这些判断都是从客观事实出发、小心求证的结果。他也时常告诉学生，在研究上既不要迎合着说，也不要回避着说，关键是要立足事实，客观地说。

扎实的调研。记得 2004 年，陪老师在广东调研产业集群，一个园区的主任，也是在国外学习和工作多年，归国的博士，介绍这个园区是"生态园区"。这是一个新概念，陈老师也很感兴趣，就问您这个"生态园区"同其他园区有什么不同？当时，这位主任讲了很多理念上的东西。陈老师又问具体咱们这里是如何做的呢？具体实践中遇到什么问题？这位主任回答起来就有点东一句西一句，深浅不一了。陈老师也就没有再追问。这个园区主要是纺织产业的集群，我想这位主任一定没有想

到陈老师在纺织企业曾经工作了十年，并做过生产调度科的科长。在工作中，曾经建立和完善过企业的工艺流程和规章制度。为了不驳这位主任的面子，陈老师就没有说什么，只是认真地听。事后，陈老师告诉我说他没有讲清楚，还是停留在概念的层面。后来，在这次调研后，针对中国产业集群的可持续发展问题，陈老师和我专门写了一篇学术论文进行了探讨。因为是从客观的现实问题出发，所以这篇论文的引用率很高。

点与面的结合。刚进入工业经济研究所工作的时候，在学术研究方向上有一些困惑，到底应该如何选择呢？就去问老师。陈老师说，刚进所里工作，涉及的研究面可以宽一些，这样可以对一些领域有一个了解，毕竟别人说或者写的文章是一个方面，只有自己亲自做了研究才能更加深入了解，"如人饮水，冷暖自知"。研究面宽，还可以帮助自己看清楚研究的系统架构，在此基础上，选出自己的主攻方向，并兼顾整体的研究进展。点上的突破

非常关键，陈老师特别强调要有自己的"看家本领"，也就是说，一提到你的名字，就应该知道你在那个领域所做的工作。

此外，老师还强调现在的研究环境不同于以前。现在的研究竞争非常激烈，一个问题的研究是全球性的竞争。所以，就需要持续跟踪一个问题，并不断更新自己的知识储备，可以说是终身要保持一个学习的状态。老师还给我举例子，当年他们在读硕士的时候，有的课程研究生院没有，他们就骑自行车到北京大学去听课。

回想起来，老师对我的教育，从来没有说教，都是用自己的行为来传递着真知，潜移默化润泽学生的心田。唯有以不断的努力，才能报答师恩。

（王钦，2014 年 1 月）

## 怀念恩师陈佳贵先生

2013 年 2 月 2 日，敬爱的陈佳贵老师永远离开了我们。面对这样一个让人不敢相信又不得不接受的残酷事实，哀痛欲绝，一幕幕往事映现眼前，历历然恍如昨日。

记得 20 世纪 90 年代末期，我在中国社科院研究生院攻读硕士研究生的时候，在望京的小院里经常能够听到老师和博士师兄们提到陈佳贵老师。当时对他们说的事情和讨论的问题并不是很明白，只是觉得陈佳贵先生学问做得好、名气很大。非常羡慕那些能够在他门下读书的学生，自己也梦想着成为陈老师的学生。也许是机缘巧合，也许是命中注定，2000 年，我从研究生院硕士毕业后，进入中国社会科学院日本研究所对外关系室从事研究工作。

那时，陈佳贵老师作为中国社会科学院的副院长分管包括日本所在内的国际片工作。在 2001 年，陈老师身边的工作人员工作发生变动，经过所领导的推荐和相应组织程序，我非常幸运地来到陈佳贵先生身边工作。从那时起，才逐渐对陈老师有所认知。

陈佳贵先生于 1944 年出生在四川广安岳池县伏龙乡的普通农民家庭。从小学到博士几十年的求学之路虽然说不上传奇，但也充满了艰辛和坎坷。少年时期的他像那个年代的很多孩子一样，作为家里的小劳动力需要经常帮助家里干些割草、放牛、放羊等力所能及的农活。日子虽然苦些，但他丝毫没有荒疏学业，高小毕业后以优异成绩考上华蓥初级中学。中学的学校不在本地，离家有 30 多公里的路程，读书的日常支出显著增加了，成为家里的一块心病。为了能够顺利上学，家里求亲告友，东凑西借，最后还将准备盖新房子的木料扛到市场上卖了，才勉强凑够了费用。我想这样的事情可能对陈老师的内心产生了很大影响。为了帮助家里减轻负担，自上初中后陈老师常常利用星期天和节假日去挑煤挣钱。陈老师的个头不高，那时的他身材更加瘦小，对于挑煤这一项非常消耗体力的重体力劳动，显然是要吃些苦头的。每次四五十公斤的重担，即使是现在的大学生挑起来都很费劲。加上脚穿草鞋且路况不好，脚磨起了泡，肩膀压得红肿，一天下来整个身体就像散架了似的。肉体上的疼痛并未击倒陈老师，反而培养了他吃苦耐劳、坚韧不拔的毅力和乐观的生活态度。初中以后，陈老师以优异的成绩考入重点高中岳池中学，继而在 1964 年 9 月顺利考上中国人民大学计划统计系。中国人民大学是教育部直属的以人文社会科学为主干的综合性全国重点大学，20 世纪 60 年代在中国的高校排名中地位更高。据一些上了年纪的老师说，在"文革"前的全国高等院校的排名顺序是人大、北大、清华、北师大，报考人大的

考生非常多。四川作为人口大省，高考竞争非常激烈，能够迈入人大校门实属不易之事。大学毕业时，正直"文革"时期，陈老师被分配到甘肃工作。1978 年，国家恢复研究生招生制度后，考入中国社会科学院研究生院现实经济系攻读硕士学位。1984 年 10 月至 1988 年 7 月，又在中国社会科学院研究生院工业经济系师从著名经济学家蒋一苇先生在职攻读博士学位，成为中国第一批企业管理博士。

陈佳贵先生硕士研究生毕业后，一直在中国社科院从事研究工作，著述丰硕。根据黄群慧师兄的总结归纳，陈老师的研究成果主要可以分为理论研究、问题研究和对策研究三大方面。1988 年提出了企业生命周期理论，2000 年以后又进一步研究了工业现代化理论和工业化理论以及评价工业现代化水平和工业化水平的指标体系和方法；问题研究方面的重点是"系统分析我国经济改革、管理与发展的关系问题"，特别是对于如何正确处理经济改革、管理与发展的关系问题提出了不少见解；对策研究的核心是"积极研究适合我国国情的社会主义市场经济体制和经济现代化战略"，1993 年概括地勾勒出我国建立市场经济体制的基本模式，2005 年提出了中

国的基本经济国情已经从农业经济大国转向工业经济大国的基本观点，并进一步提出基于这种国情判断的经济现代化战略，在2012年提出了建立成熟的市场经济体制的改革建议。在学术生涯中，陈佳贵先生坚持理论联系实际的优良学风。他多次参加中央经济文件的起草和重要经济改革问题的研讨，从事了大量经济改革实践研究，曾参与中国经济体制改革总体设想、首都钢铁公司利润递增包干方案、重庆市综合改革试点方案、杭州万向节企业集团股份制改造等重大改革项目研究，主持"中国国有企业改革与发展"、"科学发展观研究"、"我国改革开放以来历史经验总结"、"国际金融危机与马克思主义"、"深化经济体制改革研究"等重大课题调研，并将部分调研成果向中央领导进行专题汇报，为我国经济改革和社会发展作出了应有贡献。这些研究成果多次获得"五个一工程奖"、中国社会科学院优秀科研成果奖、"孙冶方经济科学奖"等学术奖项。我在陈老师身边工作时，也曾帮助整理过这些研究成果。现在这些成果对学术研究和社会实践仍具有现实的指导意义，被社会各界广泛引用。

陈佳贵先生作为学者型的领导干部，

不仅自己取得了丰硕的科研成果，还具有很强的领导管理和组织协调能力。在担任工业经济研究所领导期间，积极推进学科建设并开拓学术出版事业，提出并实施科研、咨询、出版、培训"四位一体"的研究所发展战略，组织编写国内第一本反映中国工业发展的年度报告，促进了工业经济研究所持续健康发展。1998年9月，陈佳贵先生到社会科学院院部工作，担任副院长、党组成员。走马上任不久的食堂改革至今仍被众多老员工所称道。那时我还在研究生院读书，并没有直接接触到改革工作，而是作为社会科学院的人体验到了这种显著变化。我1997年考入研究生院，生活在北京东北部的望京地区。研究生院作为社会科学院直属的研究生培养基地，办学模式比较特殊。按所设系、分片教学、集中办院、统一管理，学生集中在研究生院学习，导师则分散在北京的各个研究所。学业指导工作一般是在研究所或者是在导师家里进行，我需要不定期地到院部见我的硕士导师朱钢研究员。每次到所里都是导师请我在周边的餐厅吃饭。当时，社会科学院的职工收入水平并不高，我想主要是因为导师对学生的关爱以及院部食堂比较差的原因吧。那时，社会科学院的食堂还在现在的 1 号楼，就餐环境和饭菜质量都比较差，与其他部委相比差距较大。因此，社会科学院的很多职工选择自己带饭或者到周边的餐厅解决午餐问题。俗话说"民以食为天"，这种带饭和打游击的方式长此以往下去，不但影响职工工作的积极性，而且与中国人文社会科学最高学术机构的地位严重不符。在院党组的领导下，陈佳贵先生组织相关部门统一计划和协调，对分管的后勤工作中的食堂进行了大刀阔斧的改革。将食堂迁至原来的 6 号楼，采购了新的设备并对新食堂进行装修，使食堂焕然一新。引入竞争机制，分别由两个主体自主经营，院职工可以自由选择，饭菜质量也大幅提升。还增加了对午餐的补贴，减少了职工吃饭的支出。改革后的午餐在食品安全上有保障，而且物美价廉，得到全院员工的普遍认可。我在 2000 年毕业工作后，见证并体验了这一变化。在从日本所借调国际合作局工作的近一年时间里，就吃成了一个小胖子，体重增加了 20 多斤。

陈佳贵先生在院部工作时，还分管过专家与职称、国际合作、出版社、网络信息、研究生院、博士后等多个方面的工作。2006 年 8 月 3 日，中国社会科学院学部宣布成立。这是中国社会科学院改革和发展中的一件大事，是中国哲学社会科学界的一件大事，是中国知识界的一件大事。学部建设工作是在中国社会科学院院党组的领导下，由陈佳贵副院长主要负责组织推动的。在 1955 年中国社会科学院设立学部委员制度时，当选的哲学社会科学学部委员有 61 人，占到总人数的 26.2%。1957 年第一次增选，哲学社会科学学部 3 人当选。首次增选到中国社会科学院学部成立以前，再无哲学社会科学学部委员的增选。2004 年 1 月，中共中央发布《关于进一步繁荣发展哲学社会科学的意见》。2005 年 5 月，中国社会科学院向中央政治局常委会汇报工作，会议审议批准了中国社会科学院关于建设哲学社会科学创新体系的报告并作出重要指示。组建学部和推选学部委员是中国社会科学院全面落实《中共中央关于进一步繁荣发展哲学社会科学的意见》和 2005 年"5·19"中央政治局常委会议精神的一项重大举措，是科研管理体制和人才激励机制的一项重要改革。但是，哲学社会科学学部委员相关工作中断了近半个世纪，具体推动工作面临着众多的困难。比如，社会科学成果的评价问题、推选制度和程序的设计问题、新老学部及委员的关系问题、退休人员和在岗人员的参评问题、现任领导和老领导的参评问题等一系列具体问题。为贯彻落实中央精神和院党组的部署，陈佳贵先生和当时的副秘书长兼科研局局长黄浩涛同志（现中央党校副校长）组织成立了"中国社会科学院组建学部调研"课题组，查阅搜集历史文献资料，走访调研相关机构，论证组建学部方案，征询专家学者意见，起草《中国社会科学院学部章程（草案）》和《中国社会科学院学部组建实施办法》。在 2005 年 8 月完成有关文件的起草工作至2006 年 8 月成立学部的一年当中，根据中国社会科学院院党组的要求，《中国社会科学院学部章程（草案）》又经过多次讨论和修改，征询各方面专家学者的意见，包括一些法学专家的意见。人事教育局起草了《中国社会科学院首批学部委员、荣誉学部委员推选办法（草案）》。2005 年 10~11 月，中国社会科学院院党组先后通过了《中国社会科学院学部章程（草案）》和《中国社会科学院首批学部委员、荣誉学部委员推选办法（草案）》。2005 年 12 月，社会科学院召开动员大会，各研究所推荐提名学部委员候选人并进行公开投票。2006 年 6 月，推选工作小组拟定了初选名

单，院党组讨论通过了候选人名单。2006年 7 月，推选委员会投票推选出 47 名学部委员和 95 名荣誉学部委员。2006 年 8月 1 日，院务会批准了推选委员会选举的结果。至此，学部成立的准备工作和首批学部委员推选工作基本完成。虽然学部工作起步有一些不尽如人意的地方，但是正像任何重大改革一样开头都很不易，重要的是在实践中不断修正和完善。

陈佳贵先生还是一位优秀的学业导师和人生导师。在指导学生学业时，非常注重因材施教。他针对每个学生知识结构、专业背景和生活经历的不同特点，及时耐心地给予指导和帮助。陈佳贵先生共指导了 32 名博士研究生、10 名博士后、1 名硕士研究生、2 名工商管理硕士。陈老师的学生整体比较年轻，但许多人已经成为我国科研、政府和企业等部门的中坚力量。比如，有中国社会科学院工经所所长黄群慧研究员、清华大学经济管理学院杨德林教授、中国社会科学院工经所张金昌研究员、中国社会科学院工经所余菁研究员、中国人民大学刘刚教授、中国社会科学院工经所王钦研究员、招商局集团王宏总经济师、东海证券段亚林副总裁、通用技术集团战略部黄继刚副总经理、国家审

计署刘志宏处长、国务院研究室迪晶处长等。陈老师是理论与实践相结合的典范，善于解决实际工作问题，因此也非常注重学生的综合能力。他会尽量为学生们提供一些机会，鼓励学生多做事情，努力让学生们崭露头角。比如，我们很多弟子都参加过陈老师主持的各类课题。课题研究对于一个学生的创新能力和实践能力的提升非常重要。在学生主动积极参与的情况下，陈老师会根据每个学生的时间和研究能力安排不同的科研任务，并在过程中给予耐心细致的指点。从课题的设计、申报到调查、资料搜集、研究讨论，整个过程是一个非常好的创新能力和实践能力得以培养和提高的经历。陈老师还推荐学生参加中国企业管理研究会以及其他的国内外学术活动，鼓励学生写论文并发表演讲，发心立志登高望远。陈老师还非常关心学生的个人发展，在学生遇到困难时给予帮助，还在思想上帮助解决一些困惑。这一点我也深有感触。记得2007年9月，我从中国社会科学院办公厅调到研究生院工作。当时，国内的研究生教育战略正处于调整时期。在培养研究生的数量结构方面，是要大力发展专业学位研究生，压缩科学学位研究生数量。2008年，中国社会科学院研究生院开始准备申报工商管理硕士。研究生院领导非常重视，邀请陈老师给予支持。我作为主要的工作人员，见证了陈老师在教师资源、学术资源、社会资源方面倾心协调和无私奉献，可以说没有陈老师就没有研究生院工商管理硕士的顺利试办。

作为学者型的领导，陈佳贵先生还在很多领域发挥着重要作用。他曾担任第十届、第十一届全国人大常委会委员、全国人大财经委员会委员，还是国家社科基金经济理论学科评审组副组长、管理学科评审组召集人、国务院学位委员会学科评议组成员、中国企业管理研究会会长、中国工业经济联合会副会长等。记得2001年，江泽民同志在庆祝建党80周年大会上作了非常重要的讲话，在党内外、国内外引起了强烈反响。中央决定组织宣讲团在全国范围内开展大规模的宣讲。中央宣传部会同中央有关部门，抽调了包括陈佳贵先生和孙英、王梦奎、邵华泽、桂世镛、雒树刚、虞云耀、冷溶、郑科扬、邢贲思、杨春贵、侯树栋、许志功、王庭大等理论造诣、政策水平较高且宣讲经验丰富的领导干部和理论工作者组成中央宣讲团。陈佳贵先生按照中央要求，全身心地投入到这项十分重大而光荣的政治任务中。由于时间安排比较紧张，陈佳贵先生和宣讲团的其他团员基本放弃了休息时间，加班加点，集中学习和备课。我作为陈佳贵先生身边的工作者有幸目睹了在云南和贵州的宣讲大会。陈佳贵先生将"七一讲话"与我国改革开放、现代化建设、共产党建设等实际情况联系起来，运用平实的语言，针对难点、热点问题进行了深入分析和科学阐述，使干部群众中一些模糊的认识和问题得到有力的澄清和解答，受到当地广大干部群众的热烈欢迎。一些离退休干部表示，虽然他们已多次学习过《讲话》，但通过中央宣讲团的阐述和辅导，他们对《讲话》精神的理解更全面了，意义认识得更深了，许多理论问题搞得更清楚了。

先生之德，人之楷模。先生之风，山高水长。先生之恩，生死骨肉。往事悠悠，历历在目，激励我前行，给我勇气和力量。陈老师您永远活在我们心中。

（赵卫星，2014 年 10 月）

# 忆陈老师与企业社会责任中心

陈老师对中国企业社会责任的发展有开创性贡献：他创立了中国社会科学院经济学部企业社会责任研究中心（以下简称"中心"）这一"国内企业社会责任最高的学术研究机构和理论平台"；他亲自指导

《企业社会责任蓝皮书》的技术框架，优化定型了"中国100强企业社会责任发展指数"的研究框架，并改进结构，提出企业社会责任的"蜂巢模型"。

## 一、创办中心，引导发展，支持工作

陈佳贵老师是中心的创始人。2007年开始，我们几个人开始参加一些院外机构的企业社会责任研究，感觉到这个事业比较有前景。在黄群慧师兄的推动下，陈佳贵老师同意在经济学部下建立企业社会责任研究中心，并亲自担任理事长，我被委任为中心主任，负责具体运营。2008年2

月，中心正式获批，并于7月召开了成立大会，陈老师亲自与会讲话，聘任了国务院国有资产监督管理委员会研究局彭华岗局长等第一批理事，奠定了中心强大的治理结构，还从院长基金中拨出一个课题，作为中心的开办费用。这样，在陈老师的大力推动下中心开始扬帆起航。

中心成立之初并不顺利。长期处于无横向课题、无固定人员、无办公地点的"三无"状态，几个主要负责人帮其他机构做点课题，挣点生活费。2009年4月起，我们开始独立发展，全力运营中心。

半年后，精心研发的《企业社会责任蓝皮书（2009）》发布，引起轰动，陈老师很高兴，专门请我们吃了个饭。2010年10月，第二本蓝皮书发布时，中央电视台对我做了专访，当晚，陈老师第一时间打电话来，"小钟，赶快看电视，你出名啦……"旁边，师母也在大声讲，"是央视二套、二套"。从电话里，我能感受到陈老师和师母的喜悦，感受到他们对中心发展的真心关注和由衷高兴。

此后，中心进入了快速成长阶段，但一直面临人才"瓶颈"。要稳定和吸引人才，就必须解决工资、社保等问题，2011年，中心试行企业化运作。一开始，我们还忐忑不安，心里一直有阴影，担心违背政策，影响发展。陈老师前往中心视察，我们做了汇报，他思想很开明，亲自定

调，认为企业化运作不仅没有问题，而且是必要之举，还提出了一些具体的改良建议。这解决了中心高速发展的根本体制问题。

此外，历次的成果发布会、中心理事会、重要合作方的聚会、外地调研等活动，陈老师基本都是有求必应，有时我们的要求比较过分，也并不合他的本意，但他总是无私和大度的，会想尽办法帮助我们。

2012年8月，陈老师最后一次参加中心的活动。那是中心与中国黄金集团在内蒙古满洲里合办的一次发布会，陈老师应邀出席。会期挺长，共有两天，陈老师非常支持，全程参与。结果，回京的航班还严重晚点，计划晚上6点起飞，延迟到次日凌晨4点才到北京，陈老师不得已取消了第二天前往吉林的一个会议。现在推算起来，当时陈老师应该身体已经有所不适，这样长时间的异地出差和舟车劳顿，对陈老师的身体是一种折磨，现在想来，非常愧疚。

## 二、指导研究，优化成果，提出模型

陈老师对中心的研究工作也一直给予关注和指导。2009 年 10 月，第一本蓝皮书发布以后，有媒体反映，中国 100 强企业社会责任发展指数中的外企和民企数量较少，不能反映真实的情况。陈老师曾专门跟我说起这个问题，指示我们要扩大研究样本，最好能做国企 100 强、民企 100 强和外企 100 强的比较研究。在他的引领下，我们迅速开展数据采集工作，用两个月的时间就完成了样本增补，以及重新评价工作。在 2009 年 12 月，中心重新发布了中国 100 强系列企业社会责任发展指数，引起了新一轮的大讨论。三个 100 强企业的比较研究，我们一直延续至今，成为中心最核心的产品。

2010 年底，我陪陈老师到广州开会，他在飞机上专门对我们的社会责任"四位一体"模型进行了修正。他认为，现在的"四位一体"存在逻辑问题，即社会责任模型下面还有一个子模块叫社会责任，这样就成了父亲和儿子叫一个名，应该将"四位一体"打开，以蜂巢来建构，以社会责任管理为核心，将员工责任、环境责任等具体实践放到外部六个六边形中，他还亲自给我画了"蜂巢模型"的图形（见图 1）。这个思想与现在的社会责任国际标准 ISO26000 高度一致，真是不得不佩服陈老师卓越的洞察力。但回到北京，自己忙于具体事务，陈老师思想的行文落地，就耽误下来，回想起来，真是遗憾。

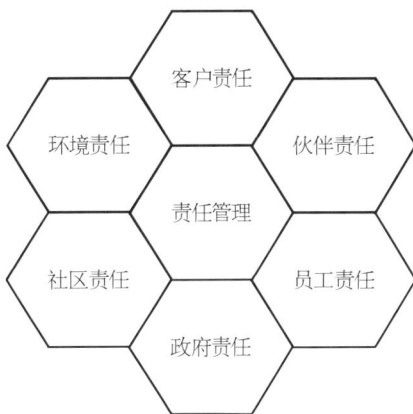

**图 1　企业社会责任的"蜂巢模型"**

陈老师对中心研究工作的指导，反映出老师治学的一贯思路，以你自己的想法为主，一般不打倒重来，而是抓住关键点，运用他高超的技巧，帮你完善提升，起到倍增效用。

面向未来，中心将在理事会的领导下，牢记使命，努力工作，在 2020 年以前把中心真正打造为"中国特色、世界一流的社会责任智库"，以此怀念中心的创始人，我们敬爱的陈佳贵理事长。

（钟宏武，2014 年 10 月 16 日）

# 忆恩师

一年前的今天，我们怀着无比沉痛的心情送走了敬爱的陈老师，一年后的今天，我们在这里举行陈老师追思会，不由得思绪万千，往事不断浮现在眼前。

去年年末（农历）的一天中午，突然接到赵卫星打来的一个电话，告诉我陈老师去世的噩耗，当时我非常震惊，根本不相信自己的耳朵！怎么会呢?！等确认这是确定的消息时，不禁泪流满面，伤心欲绝。当时，我正在包头稀土高新区工作（挂职锻炼），但已等不及原定回京日期，匆匆改签机票回来参加老师的葬礼。

之所以一开始不相信这一切都是真的，是因为元旦的前一天我去301医院刚看望过陈老师，那时，老师气色尚好，还和我谈了较长时间的话，问起我在包头的诸多情况，并嘱咐我在包头要好好干，临别握手的时候，我感觉他的手好温暖，手也更白了，想起11月初第一次看望时很多人都传递出医院对治疗老师的病很有信心，我当时完全相信老师的病会好起来的，并打算春节期间再来看望老师（当时，我还认为，老师可以回家过春节）。真的没想到，距离上次相见仅仅过去一个月零两天的时间，我们和敬爱的陈老师就从此阴阳两隔了！

说得远一点，我对陈老师生病住院也是没有思想准备的，因为，我一直觉得老师的身体非常好！在过去追随老师十多年的时间里，我始终感觉老师都是"钢筋铁骨"，永远是不知疲倦地在工作、研究、教学！记得1998年的暑假我们工业经济研究所去承德度假和考察，晚上我们相约去游泳（室内游泳池），很多人（包括我）都觉得水太凉，游了一会儿都坚持不下去了，只见老师从头到尾一直在游，上来时也没有说水温低，大家都说，所长身体真棒！这件事可能很多人都忘记了，而我记忆是非常深刻的。联想到老师很快就要去院里当副院长了，当时我就想，在中国当领导的身体一定都非常好！真的没想到，老师竟然就离我们而去了！

呜呼，斯人已逝！后来我们也分析其中的原因，大致认为可能有以下几个原因导致老师过早离开我们：一是长期紧张辛苦的工作，尤其是作为社会科学院的领导，都是行政工作和研究工作"双肩挑"。记得我在给老师当秘书时，有一次我们在闲谈中说到"梦境"，我说我在紧张时会梦到考试，没想到，陈老师也说他在紧张

时现在还会梦到大学的考试！可见，作为部级领导，也和我们普通人一样，也会有工作压力。陈老师每年有那么多工作任务、有那么多优秀科研成果出来，后面是巨大的辛勤劳动的付出，长期的辛苦劳累工作，对于血肉之躯都是一个沉重的压力。而医学理论认为，长期的紧张劳累工作会扰乱人的免疫系统，造成人的免疫能力下降，我想这可能是导致老师病变最根本的原因。二是可能的环境污染，包括潜在的大环境、小环境的空气污染（受"3·15晚会"启发，张金昌师兄一度甚至怀疑汽车车厢内有污染），去年雾霾肆虐，也加剧了这种可能。三是陈老师身体胖，这对年纪大的人是不利的。记得有一次我和许文忠向老师请教博士论文写作问题，刚出他办公室，许文忠就说了一句话："我感觉老师就像是大佛，坐在那里，对什么经济问题、管理问题都了然于心，都有深刻洞见！"这句话不仅透露出我们对老师知识渊博的敬佩，对老师关心学生学业的感激，也无意识地道出老师身体"偏胖"特征。事实上，早在1999年春陈老师上任中国社会科学院副院长不久，一次在去食堂的路上陈祖武先生见到陈老师，就用浓重的四川话说"佳贵，不要太胖了"。老

师应该是知道的，但是，由于工作太忙，实际上没有多少时间锻炼身体，长期的端坐和伏案工作，身体也就越发"发福"了！

陈老师天生身体素质很好，竟然过早离开了我们，令我辈无不扼腕叹息！老师就像蜡烛一样，无私地燃烧着自己，却照亮着后来的我们，为中国经济学和管理学教学研究科学事业繁荣和后继有人，忘我工作，鞠躬尽瘁，死而后已！

二

作为工业经济研究所的一名研究人员，我很幸运，在参加工作后不久，从1998年10月至2001年5月，就给陈老师当秘书，陪伴在老师身旁，直接向老师学习做人做事。老师不仅以其渊博的学识令我们折服，更以其高尚的人格魅力令我辈叹服！现在回想，跟随老师在一起工作时的点点滴滴都使我如沐春风。有两件小事，令我终生难忘。

刚跟随陈老师去院部上班时，由于天天坐班，我很不习惯。大家知道，研究所并不需要天天坐班，而院部机关是要天天坐班的，当时，我住在石景山，距离院总部建国门比较远，而当时交通条件又很差，从我的住地到办公室，需要先步行到地铁1号线，乘1号线地铁至复兴门站，再转乘2号线至建国门站（当时1号线还没有全线贯通），至少需要一个半小时。这样，每天6点起床，在路上或院部食堂吃早饭，赶在8点前到院部，由于路上时间紧张，乘车又特别挤，有时人一到办公室就觉得特别累，一天上班下来，人就觉得像散了架子似的。当时就想，如果中午能午休一会儿该多好啊！可条件不允许（我和陈院长、龙院长同在一个办公室套间内办公，我在客厅靠进门的地方办公，陈院长、龙院长分别在左右里屋办公室办公），中午勉强在沙发上打个盹或趴在办公桌上休息，也是心里不踏实。刚开始时，老师注意到我很疲惫的样子，让我放心在沙发上午睡，又怕我着凉，数次中午从他办公室壁橱拿出被子，像慈父般把被子递给我。但这终究不是办法，况且中午总有人过来敲门。后来，老师注意到我们办公室套间有一个小储物间，门是锁着的，长期没有人用。于是，老师让办公厅找来钥匙，在收拾了一番后，居然刚好可以放下一张单人床，老师又让秘书处帮我配置一套寝具。这样，这个储物间就成了我中午午睡的地方，尽管把门关上，空气质量很不好，但中午可以午休，大大缓解了上班的疲劳，对于保持下午上班精神状态大有裨益。真是万分感激陈老师的关心，使我那几年坐班不再那样辛苦！

2000 年 4 月，我们家小孩快要出生了，一天我向陈老师告假，说爱人要生产了。老师关心询问将在哪个医院生产，医院联系的怎样，大约请多长时间的假，等等。当他得知我的住地和医院非常远，且有很多东西医院要求自带等问题时，主动提出，让司机小黄帮助解决。于是，我爱人在分娩前是乘坐他的车去医院的，而我

孩子出生后回家第一次乘坐的也是他的车。要知道，陈老师让公车办私事可是破例了的。当时，师母也在院里（哲学所）上班，我们时常看到师母独自上班，起先，我以为他们是时间上对不上的缘故，才各走各的，后来才知道，是老师和师母一同决定分开走的，按照行政级别，师母是不能乘坐"专车"上班的！他们这种自觉的精神，真是令我惭愧！不过，这件事还是让我更加感觉到老师对下属的关心和爱心！后来，在孩子满月的时候，老师又让师母、陈力过来看望我们，还给我们带来孩子急用的环保尿布等。托老师的福，我们小孩学习很认真刻苦、成绩很好，小升初、现在的初升高都非常顺利，没有让我们操心就考上了理想的中学。我想，陈老师在天之灵，也会欣喜看到我们和孩子积极上进、生活上顺顺利利的。

## 三

陈老师是经济学界、管理学界的泰斗，一生桃李满天下，他在培养和提携年轻人成长方面总是不遗余力、倾注大量心血。在这方面，我深有感受！

1999 年 5 月，中国社会科学院接受中央财经领导小组办公室委托，就国有企业改革发展中的一些重大问题进行调查研究，为《中共中央关于国有企业改革和发

展若干重大问题的决定》（十五届四中全会通过）起草小组提供研究报告和背景材料，调查研究工作由陈老师主持，邀请中国社会科学院专家和有关政府部门的同志组成课题组。课题组成员有周叔莲、金碚、黄速建、黄群慧、沈志渔、郭朝先、李向阳、袁钢明、韩朝华、房汉庭、狄娜、周放生等。一看这个课题组成员就知道，除了我是一个"无名小卒"之外，其他人都是研究国有企业改革发展的著名大专家、大学者，他们要么是研究所所长、研究室主任、博导，要么是政府司局级学者型领导。起先我协助老师做课题的组织工作，从来没想过要作为课题组成员参加课题研究工作，是陈老师亲自提议让我参加，而当时我还只是一个硕士毕业不久的实习研究员！我当时还很犹豫能不能胜任这项研究工作，老师鼓励我说，研究工作要"干中学"，要通过接触、解决现实中的重大问题提高研究能力，随即分给我的研究任务是"国有企业公司化改造和投资主体多元化"、"国有企业劳动人事分配制度改革"两个部分。后来，我们的最终研究成果《中国国有企业改革与发展研究》由经济管理出版社出版了。通过这次研究，我向以陈老师为首的学术大家们学习到如

何研究重大现实经济问题，如何提炼研究观点等诸多问题，自我感觉成长得很快！

在我跟随陈老师当秘书的几年中，与其说是当他的秘书，不如说是跟着他读书和研究（我是后来读他的博士研究生的，属于先跟老师学习，后再获得正式读书资格的），因为行政工作其实不太多，而研究工作比较多。每当有我可以参加的研究任务时，陈老师总是推荐我参加，大胆放手让我参加论文写作。在很多时候，简直就是手把手地教，往往第一步陈老师说出选题，让我收集材料，等过了一段时间，知道材料收集差不多了，他会列出一个写作提纲，让我把材料往里面填，又过了一段时间，他把稿子拿过去看提出具体修改意见，几次反复，终于可以达到发表的程度，再联系杂志社投递。有几次，老师列出写作选题，我看太难，就后退了。现在想起来，我那时年轻，有畏难情绪和偷懒倾向，没有做到全力以赴向老师学习，真是可惜！不过在那个期间，我们还是合作发表了一系列文章，如《构筑我国小企业金融支持体系的思考》（《财贸经济》1999年第5期）、《西部大开发新思路初探》（《中国工业经济》2000年第3期）、《跨国公司在中国的新动向》（《经济管理》2000

年第 11 期)、《西部开发要突出重点》(《宏观经济问题》2000 年第 11 期)等,这对于提高我的研究能力并在学术界扎根有非常大的帮助。其中的部分研究成果还被收录到他的专集中,如《经济改革发展中的若干重大问题研究》、《经济改革与经济发展战略》。

说到这里,我还想起一段往事,2009 年 7 月末的一天,黄群慧师兄给我一个信封,里面是老师写给我的一封信和 800 元钱。信中说:"郭朝先同志:你和我合写的三篇文章已被收录到我最近出版的一本文集,现寄去稿费 800 元整。谢谢!"当时真有点"无功受禄"的感觉!其实,我们合作的论文能够以论文集的形式重印,对于我已经是奢望了,没想到,老师还把稿费也给了我。严格意义上说,稿费应该是老师(第一作者)的,但老师不以我的

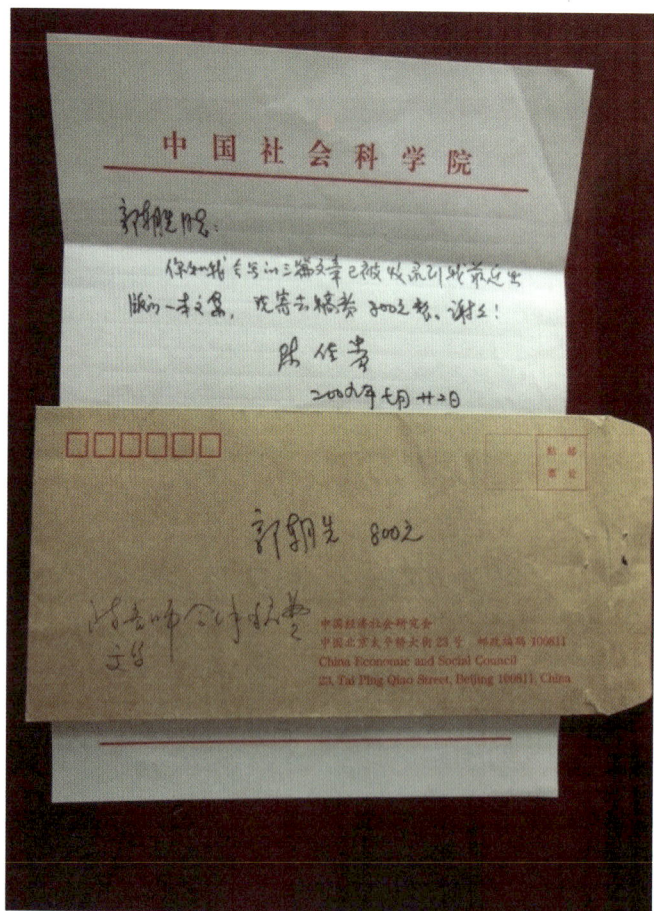

陈老师致信郭朝先,寄来 800 元稿费

贡献小，而把全部稿费都给了我。今天读到这封信，感慨良多！这其实是老师一贯关心我们后学之辈成长、成才的一个缩影！

# 四

我很幸运于 2004 年终于成为老师的一名博士研究生了！在读博士期间，尽管不像当秘书时那样可以天天和老师交流，但我们（许文忠、陈代娣和我是一届的）还是时常一起去老师办公室讨论和求教问题。很多次在结束时，老师都指着他办公室书架说，上面的书如果你们觉得可以参考学习的话，可以拿回去看，送给你们了。因此，每次我们几个人都会"拿"几本书回来。可见，老师对我们学生的爱体现在点点滴滴、方方面面，类似这样的事还有很多。

攻读博士学位最重要的事情是论文写作，而论文选题是第一步。此前，老师曾对我说，研究人员能不能做出点成绩来，方向很重要，选题就是选方向，很多诺贝尔奖得主也不主要是因为他聪明，而是他的研究方向选择正确。到了博士选题时，我很着急，好像什么都能写，什么又都怕写不好，也很难确定哪个研究方向将来对社会有用。陈代娣也碰到过类似的问题。一天，我们俩就博士论文开题报告事情来到老师办公室，我们把原先的选题和一些准备工作告诉了老师，并说我们自己对选题并不满意（我的选题是家族制企业管理方面的）。老师说，我手头有两个选题，不知你们感不感兴趣，一个是煤矿企业安全生产的，一个是集体经济企业改制的，这两个问题都是当前人大常委会关心的事情。我和陈代娣一听就很兴奋，当时我们就分工了，我选的是煤矿企业安全生产方面的研究，陈代娣选的是集体经济企业改制方面的研究。现在回想起来，老师在指导学生博士论文选题方面真是高屋建瓴！因为是热点问题，我的那篇博士论文在写出来后就产生了很大的社会影响，很多媒体要求采访我，甚至有国外专家和媒体要求和我面谈。又过了一年，我把博文论文扩写成专著《中国煤矿企业安全发展研究》，由经济管理出版社出版。在出版前夕，老师欣然为该书作序，序中充分肯定该研究的理论价值和现实意义。序言指出本书的特色主要有：第一，研究思路清晰；第二，研究方法科学；第三，研究内容全面而又有深度；第四，研究结论可信；第五，提出对策可行。可见，老师对我的这个研究是充分肯定的。而我深知，博士论文之所以写作顺利、这个研究之所以取得成功，主要得益于陈老师给出了一个具有强烈现实意义的选题以及多年来老师对我研究工作的直接指导。

斯人已逝，巨星陨落！今天我们缅怀陈老师丰功伟绩和对我们的亲切关怀，作为学生的我们，唯有将老师这种敬业精神、对学生无限的爱、对社科事业的无限热爱精神一代一代传下去，才是对老师最好的缅怀和纪念，我们一定更加努力工作、兢兢业业，以实际行动和更大的成绩告慰陈老师的在天之灵！

（郭朝先，2014 年 10 月）

# 追忆恩师陈佳贵先生

2013 年 2 月 2 日早上 8 时 49 分突然接到电话，陈老师在北京逝世，享年 69 岁。顿时错愕，泪如雨下，久久不能平息。回想起两次回北京去 301 医院探望老师，老师虽然略显疲倦，身形略显消瘦，但依然精神抖擞，关心国家大事，还跟我聊起澳门当前的形势，聊起一些澳门地区全国人大的老朋友，还打算病愈后来珠海、澳门看看，和厉以平、贺一诚等老朋友见见面，给北师大珠海校区的师生做一个国家宏观经济形势的讲座。去世前几日全国人大财经委主任石秀诗同志和一些财经委的老同事去看望他，据说他还是非常乐观，让同事们别担心，北京那几天转凉，让大家多穿衣服别着凉。老师的突然离世，是党和国家的重大损失。

老师曾长期担任中国社会科学院的副院长，连续担任了三届全国人大常委、财经委委员。在宏观经济、产业经济和企业管理等方面都是学术泰斗，一直是全国社科基金管理学科评议组的召集人。陈老师在全国人大的提案，很多都成为政策，泽被世人，如给农村 60 岁以上老人每月 200 元的生活补助，缓解了许多农村孤寡老人的赡养难题；通过人大财经委调研提出小微企业概念，促进银行金融系统共同帮扶小微企业，促进社会经济的多元和繁荣；他提出的单独可再生一胎的政策，缓解了计划生育政策和社会现实的矛盾，延缓了社会老龄化的进程。

陈老师 20 世纪七八十年代曾在中国香港和美国做访问学者多年，他 1978 年提出和完善的企业生命周期理论，比学术界公认的美国的伊查克·艾迪思（Ichak Adizes）还早一年以上。他90年代初担任社会科学院副院长以来，着力推动了国民经济核算与世界接轨，形成了崭新的完备的国民经济核算体系，为改革开放保驾护航。他争取到总理基金，指导社会科学院推出一系列社会各领域的蓝皮书系列，如今的皮书事业蒸蒸日上，受到社会的广泛认可。

陈老师的老师，我们的师爷蒋一苇先生也是一位了不起的革命家，他去世时是亲密战友马洪单独把他推入太平间，非常不舍，他的爱人陈曦也在前年去世。说起蒋先生，自然要讲起红岩，他是《挺进报》的创办者，当年是陈然在二楼给他扔了个花盆，阻止他进门，他穿着拖鞋坐船去了香港才脱险的，陈老师每年到红岩凭吊都把这些事讲给随行人员听。后来，蒋老收留了江姐的儿子把他培养出国。狱中的陈然坚贞不屈，这个高大的东北汉子硬是一声不吭，挺住了敌人的酷刑，是红岩中最坚贞不屈的人，敌人以打他为乐，他把舌头都咬碎了。就是这些普通的共产党员撑起了新中国的一片蓝天。蒋老与朱镕基同志有师生之谊，工业经济研究所里至今还留有朱镕基当年的办公桌，工业经济研究所就是这样一个具有悠久革命传统的神奇的地方。陈老师，也曾在这里奋斗不息，他去世时，还在全国人大财经委的任期内。

昔人已乘黄鹤去，此地空余黄鹤楼。陈老师已然仙去，留下了一系列鸿篇巨制影响世人。蓦然回首，那人却在灯火阑珊处，我只是唏嘘，在老师身边工作约有八年，却没有抓住时间，向他多讨教一些学术问题和社会问题的对策。

（林立，2014年10月）